AF192281

Första upplagan
© 2015 Saiwan Kamber
Förlag och tryck: BoD
ISBN: 978-91-7463-847-9
www.feyli.se
Info@feyli.se

Till mina kära föräldrar
Jasim och Lamieh, mina hjältar.
Och till min älskade dotter Madjan.

Författarens tack
Jag vill tacka nedanstående personer för deras hjälp med utformandet av denna bok

Jasim Kamber
Lamieh Say
Ebrahim Jahanbakhsh

Förord

Bokens syfte är att ge läsaren en inblick i de ordspråk som finns inom Feyli dialekten av kurdiskan. Vidare är det ett sätt att bevara och propagera Feyli dialekten.

Boken börjar med en förklaring av hur de latinska bokstäverna används för att hjälpa läsaren att snabbt ta sig an ordspråken.

Varje ord är skriven precis som de låter, detta för att bevara rätt uttal samt förhindra missförstånd då det förekommer ord som låter väldigt likt varandra men har olika betydelsen. Ordspråken börjar alltid med det latinska alfabetet för att sedan övergå till det arameiska. Detta för att oavsett vilken alfabete man än lärt sig ska man kunna dra nytta av ordspråken.

För att säkerställa att ordspråkens andemening inte går förlorade så är översättningen inte alltid ord för ord.

Där det behövs har ytterligare kommentarer angetts för att ordspråken ska förstås rätt. Kommentarerna återfinns nedanför den svenska översättningen inom [ ].

Boken avslutas med en ordlista bestående av "svåra" ord.

Trevlig läsning.

Feylî alfabetet

Bokstav	Exempel	Motsvarighet
A, a	Agir (Eld), Ayim (Människa)	Svenskt A
B, b	Bar (Last), BaL (Vinge,Arm)	Svenskt B
C, c	Cûwan (Ung), Cî (Plats)	Engelskt J
Ç ç	Çeft (Sned), Çew (Öga)	Engelskt Ch(apter)
D, d	Dar (Träd), DaLig (Moder)	Svenskt D
E, e	Encîr (Fikon), Eger (Om)	Svenskt Ä
Ê, ê	Êware (Skyming), Rê (Väg)	Svenskt e i Ren
F, f	Firye (Mycket), Fîl (Elefant)	Svenskt F
G, g	Giran (Dyr), Gep (Stor)	Svenskt G
H, h	Heşt (Åtta), Hawsa (Granne)	Svenskt H
I, i	Incig (Kläder), ImsaL (I år)	Svenskt e i hett
Î, î	Îla (Den här sidan), Sîr (Vitlök)	Svenskt I
J, j	Jan (Smärta), Jin (Kvinna)	Franskt J
K, k	Kew (Blå), Kawirr (Får)	Svensk K
L, l	Liç (Läpp), Lifane (Tvilling/Par)	Svenskt L
M, m	Mar (Orm), MaL (Hus)	Svenskt M

N, n	Nan (Bröd), Nixan (Nagel)	Svenskt **N**
O, o	Kome (Många), More (Mutter)	Svenskt **Å**
P, p	Pa (Ben), Pül (Pengar)	Svenskt **P**
Q, q	Qert (Lån), Qeün (Tjock)	Arabisk **Q** i **Q**ibbla
R, r	Rê (Väg), Ras (Sanning/Höger)	Svenskt **R**
S, s	Sa (Skugga), SaL (År)	Svenskt **S**
Ş, ş	Şan (Axel), Şar (Stad)	Engelskt **Sh**
T, t	Taze (Ny/Färsk), Tûp (Boll)	Svensk **T**
U, u	Kurr (Pojke), KuL (Kort)	Svenskt **o** i k**o**rt
Û, û	Kûr (Blind), KûL (Axel)	Svenskt **o** i L**o**k
V, v	Gîv (Diameter), Midver (Rådjur)	Svenskt **V**
W, w	Waran (Regn), Wehar (Vår)	Engelskt **W**
X, x	XaLû (Morbror), Xaw (Sömn/Dröm)	**Kh**(an)
Y, y	Yek (Ett), Ye (Den)	Svenskt **J**
Z, z	Zêw (Mark, Jord), Zûr (Styrka)	Svenskt **Z**

Författaren utgår från kurmancî alfabetet (ü undantaget).

I boken förekommer även L inom orden vilket motsvaras av amerikanskt L som i App(L)e och (L)eg.
Det finns två andra sätt att skriva denna L => ll samt ł. Då det inte finns någon standard man kan följa har författaren valt L.

Bokstäver som upprepas betonar bokstaven. Som exempel kan nämnas Ki**rr**, Wi**rr**, Xi**rr**.

A

Adetê daştî le şîrî – Terkê nîyekey le pîrî

ئادەتێ داشتی لە شیری – تەرکێ نییەکەی لە پیری

Vanan man lärt sig som barn - Blir man inte av med som
gammal

Agir bê dükeL nîyew

ئاگر بێ دۆکەڵ نییەو

Ingen eld utan rök

Agir ki keftew, terr u hişk neyrê

ئاگر ک کەفتەو، تەڕ و هشک نەیرێ

När elden tar sig, gör den ingen åtskillnad mellan torr och
blöt

Agir we agir nîyekujyêdew

ئاگر وە ئاگر نییەکوژیێدەو

Eld släcks inte med eld

Agir xase dem u dü, bira xase ne çü şü

ئاگر خاسە دەم و دۆ، برا خاسە نە چۆ شۆ

Eld är bra tänt eller rökigt, bror är bra men inte som
maken

AqiL we işare, nezan we kutek

ئاقڵ وە ئشارە، نەزان وە کوتەک

Den vise med en nick, den dumme med en påk

Aqiweti ziLm kirdin, cewr kîşane

ئاقوەت زلم کردن، جەور کیشانە

Elände är den ondes lön

Ard de teyre qert key?

ئارد ده تەیرە قەرت کەی؟

Lånar du mjöl av tjuven?

Ardi berü le tîwiLê nîyewisê

ئارد بەرۆ لە تیوڵێ نییەوسێ

Kastanj mjöl fastnar inte i hans panna

Ardi naw dirrig(Dirrigi naw ard)

ئارد ناو درگ

Mjöl bland törne

[Förvirrad]

Aşi çill kêwanû

ئاش چل کێوانوو

Fyrtio gummors soppa

[Ju fler kockar desto sämre soppa]

Asin we jengi xwey darizyêd

ئاسن وه ژەنگ خوەی دارزیێد

Järnet ruttnar av sin egen rost

[Man skapar sina egna problem]

Asîyaw girrmey tîyey u ardê dîyar nîye

ئاسییاو گرمەی تییەی و ئاردێ دییار نییە

Det låter om kvarnen men ingen mjöl syns till

[Mycket väsen för ingenting]

Aw le asîyaweyl keft u deng u bas temam bü (Aw le asîyaw bikefê)

ئاو له ئاسییاوەیل کەفت و دەنگ و باس تەمام بۆ

När vattnet rinner i vattenkvarnen slutar alla diskussioner

6

Aw le desi narijyê

ئاو له دهسێ نارژینێ

Vattnet rinner inte igenom hans fingrar

[Snål]

Aw le yê cî bimêni genyê

ئاو له یێ جی بمێنێ گهنینێ

Stillastående vatten stinker

Aw u agir mawiL neyrin

ئاو و ئاگر ماوڵ نهیرن

Vatten och eld ger en ingen respit

Aw we peLe we qert nîyeyd

ئاو وه پهڵه وه قهرت نییهید

Han lånar inte vatten till Monsunen (höstregn)

Aw wisya tu newis

ئاو وسیا تو نهوس

Stannar vattnet, stanna inte du!

Awi jîrê key

ئاو ژیرێ کهی

Vattnet under höet

[Dold avsikt]

Awê ki rişya cemew nîyewd (Awig rişya girdew nîyew)

ئاوێ ک رشیا جهمهو نییهود

Man kan inte samla spillt vatten

Awi zûrdar werew biLênî çû

ئاو زووردار وهرهو بڵێنی چوو

Starkt vattenflöde flyter uppåt

7

Awman we yê cû nîyeçû

ئاومان وه یێ جوو نییهچوو

Vårt vatten rinner inte i samma å

[Kommer inte överens]

Awi zel deyd?

ئاو زەل دەید؟

Vattnar du vassen?

[Meningslös arbete]

Axiri yarî cenge, axiri dûsî dujmenî

ئاخر یاری جەنگه، ئاخر دووسی دوژمەنی

Hjälpsamhet slutar med bråk, vänskap slutar med fiendskap

Ayimi qeün; Mirdin u le qewr nanê (naninê) gene

ئایمێ قەوْن؛ مردن و له قەور نانی (ناننی) گەنه

Den fetes död och dennes gravsättning är plågsam

Ayim firexwer du car mirê

ئایم فرەخوەر دو جار مرێ

Den glupske dör två gånger

Ayim ta le esp nekefê espsiwarî yad nîyegrê (Sûwar ta nerrimê, sûwarî yay nîyegrê)

ئایم تا له ئەسپ نەکەفی ئەسپسواری یاد نییهگرێ

Så länge man inte ramlat av hästen, lär man sig inte rida

Ayim xweş-hisaw, şerîk maL merdime

ئایم خوەش هساو، شەریک مألْ مەردمه

Den generöse har del i folks hem

8

B

Bari çeft ta maL narisi (Bari çeft we menziL nîyeçû)

بار چەفت تا مأڵ نارسێ

Sned last anländer inte till destination

Biçme cayg kesmeşnasê, ewqerge dirû bidem pirr kirwasi (Biçim we şarê kesim nenasê – Wesfi xwem bikem pirr kirwasê)

بچمه جایگ کەسمەشناسێ، ئەوقەرگه دروو بدەم پڕ کرواسێ

Kommer jag till okänd plats, ska jag ljuga en klänning full

Bira mar bê, he hizar bê! (Bira eger mar bû, hizar bû)

برا مار بێ، هه هزار بێ!

Om ens bror är en orm, må han vara i tusental!

Bar era pîya, tewn era jin

بار ئەرا پییا، تەون ئەرا ژن

Börda för man, vävning för kvinna

Bani çewê birüye neyrê

بان چەوێ برۆیه نەیرێ

Det finns inga ögonbryn över hennes ögon

Bawgi bîbira u amûzay fire

باوگ بی برا و ئامووزای فره

Brorlös far och många kusiner (farbrors barn!)
[Ingen hjälp när man behövde det, nu när ingen hjälp behövs finns det gott om hjälpande händer]

Barîkew bû, beLam nawiryê (nîyewiryey)

باریکهو بوو، وهڵام ناورییێ

Den blir smal men går inte av

[Tålamod]

Bawg kur xwey nasêd

باوگ کور خوهی ناسێد

Fadern känner sin son

Bawg beLa, daLig qeza – Jin nêmet xuda

باوگ بهڵا،دالگ قهزا – ژن نێمهت خودا

Usel mor och far – Maka skänk från ovan

Bawgi pîye xwer, kuri kewaw xwer

باوگ پییهخوهر، کور کهواو خوهر

Fett ätande pappa, köttätande son

[Som nedan]

Bawgi gûşt mexwer kuri qesaw xeydew

باوگ گووشت مهخوهر کور قهساو خهیدهو

Vegetariansk far, uppfostrar slaktarens son

Bawgim xas bû, daLigim düyeti merdime

باوگم خاس بوو، دالگم دۆیهت مهردمه

Så länge min far är en bra far, min mor är någons dotter

Bawg mirdê xefê, le wirsî mirdê nîyexefê

باوگ مردێ خهفێ، له ورسی مردێ نییهخهفێ

Den vars far dött sover, den döde kan inte sova p.g.a. hunger

[Oron för brödfödan försvinner aldrig]

Bawejin bawgi bimrê, birajin biray bimrê

باوەژن باوگ بمرێ، براژن برای بمرێ

Må styvmors far dö, må brors frus (svägerskans) bror dö

[Att be Gud om något ologiskt]

Bira erê rûji teng, tifeng erê rûji ceng

برا ئەرێ رووژ تەنگ، تفەنگ ئەرێ رووژ جەنگ

Vän för svåra dagar, gevär för krigens dagar

Bira biray mine, tu tarîfi keyd?

برا برای منه، تو تاریفێ کەید؟

Det är MIN bror, varför pratar DU om honom i goda ordalag?

Birat, herçê dirat

برات، هەرچێ درات

Din bror, vad det än blev

Birayman birayî, kîseman cîyay (Birame bira, kîseman cîya)

برایمان برایی، کیسەمان جییای

Vänskap är en sak, mina pengar en annan

Birinc we demi nîyefîsê

برنج وه دەمێ نییەفیسێ

Riset blir inte blöt i hans mun

Bizan u meke

بزان و مەکه

Vet och gör inte

Bawanî düyeti necar tûkiLaşe

باوانی دۆیەت نەجار تووکڵاشه

Snickardotterns hemgift är träflisor

11

Bizin erê şewig, cî xwey xweş keyd

بزن ئەرێ شەوگ، جی خوەی خوەش کەید

Även för en kväll ordnar geten till sin boning

Büçigî bike, ta gewrayg bayde şanid

بۆچگی بکە، تا گەورایگ بایدە شاند

Var ödmjuk, så den högaktade gör dig sällskap

Bûd ew la xirsege bûm?

بوود ئەو لا خرسەگە بووم؟

Är det vettigt att hjälpa björnen?

[Hjälpa sin fiende]

Berd eray merde(Pîyag)

بەرد ئەرای مەردە

Sten är för män

Beşker beşê kird, xwey we wirsî men

بەشکەر بەشئ کرد، خوەی وە ورسی مەن

Distributören utdelade, själv blev han lottlös

Be le gerdene we insaf

بە لە گەردەنە وە ئنساف

Nacka honom rättvist

Bê xûwî erê ayim lîwe bike

بێ خووی ئەرێ ئایم لیوە بکە

Att utföra en god gärning för en galen person!

Bîkarî kargay şeytane

بیکاری کارگای شەیتانە

Sysslolöshet är djävulens verkstad

Bîgar büd, bîkar newd/neüd

بیگار بۆد، بیکار نەود

Var sysslolös men inte arbetslös

Bîla barim xalî bikem, ewsa büş encîre ya enare

بیلا بارم خالی بکەم، ئەوسا بۆش ئەنجیرە یا ئەنارە

Tillåt mig tömma min last, fråga sedan om det är fikon eller granatäpple

Bîhûde xerid we çen?

بیهووده خەرد وه چەن؟

Hur mycket betalar du för värdelösa ting?

Bê le wey, ta çinar bilerzê

بئ له وەی، تا چنار بلەرزئ

Slå till asken, så lönn (tysklönn) ska darra

Bira, biramid - Jin xwastid hewsamid

برا، برامد ـ ژن خواستد هەوسامد

I vänskap är du min vän, när du gifter dig är du min granne

C

Cûri nijî wer u pişt neyrê (Çü qeme weri pişt neyrê)

جوور نژی وەر و پشت نەیرئ

Som en lins, har han varken fram eller baksida

Cengi pîya u jin bawer pê meke

جەنگ پییا و ژن باوەر پئ مەکه

Tro inte på ett bråk mellan gifta par

Ceng rewyadew, çiLmin we şûni çû gerdê

جەنگ ڕەویادەو، چڵمن وە شوون چوو گەردئ

Kriget är över, fånen letar vapen

Ceng kirdin xastir le betaLa büne

جەنگ کردن خاستر لە بەتاڵا بوونه

Att kriga är bättre än att vara arbetslös

Ceng le cîye cengan xweşe

جەنگ لە جییه جەنگان خوەشه

Krig i krigets fält

Cehenem we derê biresew, we binê meçû

جەهەنەم وە دەرئ بڕەسەو، وە بنئ مەچوو

Anländ till helvetes rand, men gå inte till dess botten

Cûwanî pirri guLe, eger bizanî - pîrî bari xeme, eger bitwanî

جووانی پڕی گوڵه، ئەگەر بزانی - پیری باری خەمه، ئەگەر بتوانی

Ungdomen är full av glädje, om du bara vet – Ålderdom är sorgens börda, om du bara orkar

CahiL kûre, xeyr u şerr xwey le yekew nîyekey

جاهڵ کووره، خەیر و شەڕ خوەی لە یەکەو نییەکەی

Ungdomen är blind, den kan inte åtskilja mellan gott och ont

Ç

Çill kes le naw işkeftün, gurg xwardeyan

چل کەس لە ناو ئشکەفتون، گورگ خواردهیان

Fyrtio personer var i grottan, en varg åt upp de alla

14

Çiraxig we maL rewas, we mescid herame!

چراخگ وه مالَ رِهواس، وه مهسجد هەرامه!

En lampa som är OK för hemmet, är inte tillåtet i moskén

Çi rûjê wefir bû, ew rûje zimsane

چ رووژیَ وەفر بوو، ئەو رووژه زمسانه

Den dag det snöar, den dagen är vinter

Çiştê ki le maL mîr fires, nan u pîyaze

چشتیَ ک له مالَ میر فرس، نان و پییازه

Det som finns gott om i furstens hus, är lök och bröd

Çime bawan tekew derim - Xemi dinya kefte serim

چمه باوان تهکهو دهرم ـ خهم دنیا کهفته سهرم

Ja gick till mitt familjhem för att få vila – Jag fick världens sorg på mig

Çû eLgir, sey diz dîyare

چوو ئهلَگر، سهی دز دییاره

Beväpna dig, tjuvens hund syns

Çûwar çişt pîya şiknê: Qerti fire, MinaL fire, Dijmini fire, Jini bîxisLet

چووار چشت پییا شکنیَ: قهرت فره، منالَ فره، دژمن فره، ژن بیخسلَهت

Fyra saker knäcker en man: Mycket lån, många barn, många fiender, dålig fru

Çû xuda dengê nîye - Her ke bixwey deway nîye

چوو خودا دهنگیَ نییه هەر که بخوهی دەوای نییه

Guds bestraffning "låter inte" – Den som drabbas har ingen bot

Çü keLeşêr, namewq qülinê

چۆ کەلەشیر، نامەوق قۆلنێ

Som tuppen gal han i tid och otid

Çû le barîkî şikêt, merd le qayimî

چوو له باریکی شکێت، مەرد له قایمی

Grenen bryts av dess tunnhet, man av hans hårdhet

Çuner wet serim sûktir, ezawim kemtir

چونەر وەت سەرم سووکتر، ئەزاوم کەمتر

Betan sa: lättare huvud, mindre plågor

ÇepLe we yê des nîyekutyê

چەپڵه وه یێ دەس نییەکوتیێ

Man kan inte klappa med en hand

ÇukuLşikin xwey şiknê

چوکوڵشکن خوەی شکنێ

Hycklaren förgör sig själv

Çeqû miştey xwey nîyewirê

چەقوو مشتەی خوەی نییەورێ

Kniven skär inte sitt eget skaft

Çemya gûçan, neçemya saçû (Er çemya, gûçan. Er neçemya, saçû.)

چەمیا گووچان، نەچەمیا ساچوو

Böjer den sig (böjd handtag) käpp, böjer den inte sig (rak) käpp

Çarey xew, xeftine - Çarey rê reftene

چارەی خەو، خەفتنه چارەی رێ رەفتەنه

Sömnlöshetens bot är att sova, resans bot är att gå

Çiray feqîr mange şewe

چرای فەقیر مانگە شەوە

Månen är den fattiges nattlampa

Çenê lareme, qersequLê barime

چەنێ لارەمە، قەرسەقولێ بارمە

Olyckliga mig, spillning (åsnans avföring) är min last

Çew bidray, negi naw bidray

چەو بدرای، نەگ ناو بدرای

Må jag förlora ögat men inte hedern

Çewi diz le çew sawmaL tîjtire

چەو دز لە چەو ساومالْ تیژترە

Tjuvens blick är skarpare än husägarens

Çewim dî, diLim ney (nedî)

چەوم دی، دلْم نەی

Han såg mina ögon men inte mitt hjärta

Çîde xwazmenî, şewekyan biçû

چیدە خوازمەنی، شەوەکیان بچوو

Ska du fria? Gör det på morgonen!

Çîde xwazmenî kesig, Eger dadey pêd xwed we şaqizî mezan! Eger nêyadey pêd xwed we güxwer mezan!

چیدە خوازمەنی کەسگ، ئەگەر دادەی پێد خوەد وە شاقزی مەزان! ئەگەر نییادەی پێد خوەد وە گۆخوەر مەزان!

Gå och fria, om du får jakande svar känn dig inte stolt!, om du får nej till svar känn dig inte misslyckad!

D

Dar ki berr egri, ser eçemni [Dar berr girê, ser çemnê]

دار ک بەر ئەگری، سەر ئەچەمنی

När trädet bär frukt, böjer den sig

Der maLid bûwes, hewsa neke diz

دەر مالد بووەس، هەوسا نەکە دز

Stäng din dörr, gör inte grannen till tjuv

Der merdim nekut, derid kutin

دەر مەردم نەکوت، دەرد کوتن

Knacka inte på hos folk, de kommer att knacka på hos dig

Des şikyay, zewaLi gerdene

دەس شکیای، زەوال گەردەنە

Den brutna armen är nackens börda

Du bira cen kirdin - Lîwe le û düre bawir kird

دو برا جەن کردن ـ لیوه لەو دۆره باور کرد

Två bröder bråkade med varandra, fånen trodde det var
på riktigt

DaLig her meşkeyg bijenê, düyetîş jenêd

دالگ هەر مەشکەیگ بژەنی، دۆیەتیش ژەنید

Det modern gör, det gör dottern

**Dür le şitir bixef, xaw heLpeLe neywn (Le şitir dür bixef –
Xaw heLpeLe neün)**

دۆر لە شتر بخەف، خاو هەلپەلە نەیون

Sov långt ifrån kamelen, dröm inga mardrömmar
[Håll dig borta från oärliga människor och slipp problem]

18

Dêanê ki êyşa, kîşya

دنیانێ ک ئێشا، کیشیا

Tanden som gjorde ont, drogs ut

Dêan saz kesige we dêan merdim nan xwey

دنیان ساز کەسگە وە دنیان مەردم نان خوەی

Tandläkare är den som äter med folks tänder

Desi tema dirîje

دەس تەما دریژە

Girighetens hand är lång

Desi xwed eray xwed

دەس خوەد ئەرای خوەد

Din hand för dig själv

Desi petî tûz le lê heLsê?

دەس پەتی تووز لە لێ هەڵسێ؟

Dammar det från en tom hand?

Desi bêgane tam dîrê

دەس بێگانە تام دیرێ

Främlingens hand är gott

[Gräset är alltid grönare på den andra sidan]

Derekî hat binekî der kird

دەرەکی هات بنەکی دەر کرد

Främlingen kom och slängde ut den infödde

Der le bani paşne çerxê

دەر لە بان پاشنه چەرخێ

Dörren snurrar på gångjärnet

Düyetid bê(d)e jin mirdê - Manga bê(d)e ga birdê

دۆیەتد بنێیه ژن مردێ ـ مانگا بنێیه گا بردێ

Ge din dotter (gifta bort) till en änkling – Ge din ko till den som förlorat sin ko

Dûs le bana(w) nûrrê, dişmen le jêra(w)

دووس له بانا نوورێ، دشمەن له ژێرا

Vänner ser en uppifrån, fienden underifrån

Dûsî bîcehet bû, dişmenî bîcehet nîyew

دووسی بیجەهەت بوو، دشمەنی بیجەهەت نییەو

Vänskap utan orsak är möjlig, fiendskap utan orsak är omöjlig

Dür bû, dûs bû

دۆر بوو، دووس بوو

Var avlägsen, var uppskattad

Dikandar heLeLe key, herçê le dikanê bû

دكاندار هەڵەڵه كەی، هەرچێ له دكانێ بوو

Butiksägaren gör reklam oavsett vad han har i sin butik

Dijmin mirê, rîşey nîyemirê

دژمن مرێ، ریشەی نییەمرێ

Fienden dör, dess rot består

Dizê ki le diz bidizê, şa-dize

دزێ ک له دز بدزێ، شا دزه

Tjuven som stjäl från andra tjuvar, är tjuvarnas kung

Diz xweşye, bazar şêwyay

دز خوەشیه، بازار شێویای

Tjuven gläds när det råder tumult i basaren

Dan le deri qingi, wet: Ay diganim

دان له دهر قنگێ، وهت: ئای دگانم

De slog honom i baken, han ropade aj min tand

DaLig wet: Mi mirim - Düyet wet: Mi şü kem

دالَگ وهت: م مرم - دۆیهت وهت: م شۆ کهم

Modern sa: Jag håller på att dö – Dottern sa: Jag gifter mig

DaLigid bimrê, ard u aw

دالَگد بمرێ، ئارد و ئاو

Dör din mamma, mjöl och vatten

DaLigi diz ya sîne xwey(exwad) ya sîne kutê

دالَگ دز یا سینه خوهی یا سینه کوتێ

Tjuvens mor äter antingen bröstfilé, eller slår sig på bröstet

Dengê le bini çaLaw tîyey

دهنگێ له بن چالَاو تییهی

Hans röst kommer från botten av brunnen
[Orkeslös, Svag]

DaLig bün u düyet bixwaz - Ta nekefye neng u waz

دالَگ بۆن و دۆیهت بخواز ـ تا نهکهفیه نهنگ و واز

Se modern och gift dig med dottern – så slipper du problem och skam

DaL pîr bû, kûrkûrek tülekî we pê keyd

دالَ پیر بوو، کوورکوورهک تۆلهکی وه پێ کهید

När gamen kommer till åren blir den till malens åtlöje

21

Darig heres bûd, ras çûde ban

دارگ هەرس بوود، راس چووده بان

Ett träd som beskärs, växer rakt uppåt

Darê ki saLê berr negrê, nîyewirrnê

دارئ ک سالئ بەر نەگرئ، نییەورنئ

Ett träd som inte bär frukt ena året hugger man inte ner

Darê ki rrimê, bizan kefêde kam la(we)

دارئ ک رمئ، بزان کەفئده کام لا

När trädet faller, se åt vilket håll den faller

DaLig wisaye, daye le xwey çü

دالگ وسایه، دایه لە خوەی چۆ

Modern står bekymmerslöst, amman är från sig av oro

Du kes biçne lay qazî - Yekê tîyeydew we razî

دو کەس بچنه لای قازی ـ یەکئ تییەیدەو وه رازی

Går två personer till domaren kommer en av dem vara nöjd

Dûs desê bişkin, desxirrey meke

دووس دەسئ بشکن، دەسخرەی مەکه

Bryt din väns arm, men bedra inte honom

Du gêa (gida) le seri maL dewLemenê bîye cengîyan

دو گئیا (گدا) له سەر مالۡ دەولۡەمەنئ بییه جەنگییان

Två tiggare bråkade framför rikemannens hus

Düyay tirrîn qing sift girtine

دۆیای ترین قنگ سفت گرتنه

Efter att man fisit håller man sig

Desi zûr saman neyrê

دەس زوور سامان نەیری

Man har ingen glädje av maktens hand

Des kar keyd, çew tersê

دەس کار کەید، چەو تەرسی

Handen gör sitt, ögonen räds

Desim bişkê negi pam - Bawem bimrê negi dam

دەسم بشکی نەگ پام - باوەم بمری نەگ دام

Må min arm brytas, inte mitt ben – Må min far dö, inte min mor

Desi merdim mar we pê girin

دەس مەردم مار وە پی گرن

Man fångar orm med folks händer

Des nerm u nazik, derzî pûLadîn

دەس نەرم و نازک، دەرزی پوولادین

Mjuk och len hand, nål av stål

[De som accepterar något även om de vet att det inte leder till något gott]

Desê ki qanûn bûridê, xûnê nîyetê(nîyetyê)

دەسی ک قانوون بووریدی، خۆنی نییەتی

Handen som kapas av lagen, blöder inte

[Staten betalar inte för blodvite]

Desê ki natwanî bûrîdê, maçi bike

دەسی ک ناتوانی بووریدی، ماچی بکه

Kan du inte kapa av handen, kyss den!

Demi sey we tike bûwes

دەم سەی وە تکه بووس

Stäng hundens gap med en bit kött

Demi merdim qingi min nîye ta bigirmey

دەم مەردم قنگ من نییه تا بگرمەی

Folkets mun är inte mitt bak för att jag ska hålla mig

Demê dûşawe, diLê züxawe

دەمێ دووشاوه، دلێ زۆخاوه

Gubbens mun är som sirap, hans hjärta är full av sorg/var

Deyig hes xa keyd, deyig hes xa xweyd

دەیگ هەس خا کەید، دەیگ هەس خا خوەید

Ena byn "tillverkar" ägg, andra byn äter ägg

Dîni hini dînare

دین هن دیناره

Pengar är hans religion

DêwiL dirryêd, beLm kene tê

دێول دریێد، بەڵم کەنه تێ

Går trumman sönder, fyller man den med halm

E

Eger gurg neüd (nêd), segeyl (segel) xwened

ئەگەر گورگ نەۆد، سەگەیل خوەنەد

Hade inte det varit för vargen, hade man blivit uppäten av hundarna

24

Eger hîçî nîyezanî - gûçan heLgir eray şûwanî

ئەگەر هیچی نییەزانی ـ گووچان هەڵگر ئەرای شووانی

Kan du inget – Ta dig en käpp och bli herde

Eger Îsa new; Eger Mûsa new; Xuda xudadarî xwey keyd

ئەگەر ئیسا نەو؛ ئەگەر مووسا نەو؛ خودا خوداداری خوەی کەید

Hade inte Jesus eller Moses funnits, hade gud fortsatt
vara gud (göra det gud gör)

Eger le çeqeL bitirsyam, mamir nîyenyamew

ئەگەر لە چەقەڵ بترسیام، مامر نییەنیامەو

Vore jag rädd för schakalen hade jag inte fött upp hönor

**Eger sûwar u pa pîya bitwan des bikene mil yek, yey mil
çemnêd ew pa hîz deyd**

ئەگەر سووار و پا پیا بتوان دەس بکەنە مل یەک، یەی مل چەمنێد ئەو پا
هیز دەید

Om ryttaren och den gående ska kunna kramas, måste
ena böja sig och den andra höja sig

**Eger tu dizzî, tîyerîke-şew fires [Er terye xasigid, tîyerîkî
şew fires]**

ئەگەر تو دزی، تییەریکەشەو فرەس

Om du är tjuv, finns det gott om nattmörker

Eger zûwan bîlê, ser seLamete

ئەگەر زووان بیلێ، سەر سەڵامەتە

Om tungan tillåter är huvudet hel

EqLê ha çewê

ئەقلێ ها چەوێ

Han tror på det han ser

Erwawî êwaran miziney bigir, eşxaL şewekyan

ئەرواوی ێوواران مزنەی بگر، ئەشخاڵ شەوەکیان

Bruka jorden på eftermiddagen, ta hand om boskapen på morgonen

Elan ki taLan taLane - setmenî (sed tumenî) jêri paLane

ئەلان ک تاڵان تاڵانە سەتمەنی (سەد تومەنی) ژێر پاڵانە

Nu när det är plundring och röveri - Hundra lappen är under sadeln

Er bawgit nedîgîm le xusey daLigit mirdîm

ئەر باوگت نەدیگیم لە خوسەی داڵگت مردیم

Hade jag inte sett din pappa hade jag dött på grund av din mor

Er bedgû neü(w), mîye u gurg de yey ca aw xwen

ئەر بەدگوو نەۆ، مییە و گورگ دە یەی جا ئاو خوەن

Om det inte fanns någon baktalare hade fåren och vargen druckit från samma å

Er bizanisam kam rûj me mirdim, laney awadanim derwes mekirdim

ئەر بزانسام کام ڕووژ مە مردم، لانەی ئاوادانم دەروەس مەکردم

Hade jag vetat när jag dör, hade jag bommat igen mitt hus!

Er dîrî dirêxt neke, er neyrî qert neke

ئەر دیری درێخت نەکە، ئەر نەیری قەرت نەکە

Om du har (pengar) spill ingen tid, om du inte har låna inte

26

Er dît ezim - er neyt dizim

ئەر دیت ئەزم ـ ئەر نەیت دزم

Om du såg mig var det jag – Om du inte såg mig är jag tjuven

Er guL nîyid, we dirrig mew

ئەر گوڵ نیید، وه درگ مەو

Om du nu inte är en blomma, stick oss inte med dina taggar

Er keLeşêr nequLnê, dî rûj nîyew?

ئەر کەڵەشێر نەقولنێ، دی رووژ نییەو؟

Ingen dag om tuppen inte gal?

Er kur xasige, werr xwey de aw dirarê

ئەر کور خاسگە، وەر خوەی دە ئاو دراری

Om han nu är en duktig kille, får han se till att få ut sin egen "kappa" ur ån

Er sürim kirdî wene (weger ne) xawmaw bird!

ئەر سۆرم کردی وەنه خاوماو برد!

Antingen gifter du dig med mig, eller så är jag inte intresserad

Er tu fikrê dîrî, me fikr u nîmê dîrim!

ئەر تو فکری دیری، مه فکر و نیمی دیرم!

Om du har en idé, har jag en och en halv

Er tu neüşî kûrî, xwem nîyezanim taney ha çewim? [Tu neüşe pêm kûrî, xwem zanim taneyg ha le çewim]

ئەر تو نەۆشی کووری، خۆم نییەزانم تانەی ها چەوم؟

Om du inte säger att jag har en prick i ögat ("blind"), hade jag inte själv vetat det?

Er tu yey minî, me sed minim

ئەر تو یەی منی، مە سەد منم

Om du är en jag, är jag hundra jag

Er tûway mar negrêded, le küye la we la biçû

ئەر تووای مار نەگرێدەد، لە کۆیە لا وە لا بچوو

Vill inte du bli ormbiten? Gå sidleds uppe i bergen

Er we temaşa büde usa, seg îse qesaw bü

ئەر وە تەماشا بۆدە ئوسا، سەگ ئیسە قەساو بۆ

Hade man kunnat bli expert genom att titta på, hade hunden varit slaktare nu

Er xwazî ezîz bûy, ya bimrî ya dür bûy!

ئەر خوازی ئەزیز بووی، یا بمری یا دۆر بووی!

Om du vill hållas kärt av människor, ska du vara död eller fjärran

Er xwere, wey we keçeL – Er warane, wey we keçeL

ئەر خوەرە، وەی وە کەچەڵ ـ ئەر وارانە، وەی وە کەچەڵ

Är det soligt, är det synd om den skallige – Är det regnigt, är det synd om den skallige

Era merdim zerrim - Era xwem şerrim

ئەرا مەردم زەرم ـ ئەرا خوەم شەرم

För andra är jag guld värt – För mig själv är jag bara problem

Era temam merdim daye! Era îme bawejin

ئەرا تەمام مەردم دایە! ئەرا ئیمە باوەژن

Kallar folk för käre mor! Kallar oss styvmor!

Era ye üşimet kake, melüçigi eram bûwerşnî

ئەرا یه ئۆشمەت کاکە، مەلۆچگ ئەرام بووەرشنی

Orsaken till att jag kallar dig herrn, är för att du ska grilla en sparv åt mig

Eray danüke tek deyde werew, eray xage çûde cay tirek

ئەرای دانۆکە تەک دەیدە وەرەو، ئەرای خاگە چوودە جای ترەمک

För frön är du först i kön, för värpning går du och gömmer dig

Erê kesi bimir, tew erad bikey [Eray kesê tew bike, erad bimrê]

ئەرێ کەسێ بمر، تەو ئەراد بکەی

Dö för den som gör dig febrig

Erzan nesen girane, giran bisen erzane

ئەرزان نەسەن گرانە، گران بسەن ئەرزانه

Köp inte billigt för det är dyrt, köp dyrt för det är billigt [Kvalitet]

Esp le cay nerm ayim rrimnê, xer le cay sext

ئەسپ لە جای نەرم ئایم رمنێ، خەر لە جای سەخت

Hästen slänger av en vid mjuk jord, åsnan vid hård

Espi xwed miyenê meke

ئەسپ خوەد میەنێ مەکە

Trötta inte ut din egen häst

Ewqere baw u biçû, qurbid neçû

ئەوقەرە باو و بچوو، قوربد نەچوو

Kom och gå som du vill, se bara till att folk inte förlorar sin respekt för dig

Espi bidew, dani zîyay keyd

ئەسپێ بدەو، دان زییای کەید

Man ökar fodret för en snabb springare

ELeng eLeng le çingi şêr derçîm, keftime çingi peLeng

ئەڵەنگ ئەڵەنگ لە چنگ شیر دەرچیم، کەفتمە چنگ پەڵەنگ

Med nöd och näppe undkom jag lejonens klor, för att
hamna i leopardens klor

[Pest och kolera]

**Encîri merdim ew desid nîyerisê, we dûşaw (dîşaw)
xwed bijye**

ئەنجیر مەردم ئەو دەسد نییەرسێ، وە دووشاو خوەد بژیه

Folks fikon får du inte tag i, lev av din egen sirap

Engür (enür) er engür nûrê, aw heLgirê

ئەنگۆر ئەر ئەنگۆر نوورێ، ئاو هەڵگرێ

När druvan ser på druvan, mognar den

Ewri wehar we yey lawa warêd

ئەور وەهار وە یەی لاوا وارێد

Vårmolnen regnar plötsligt

Ew mare ki tu rixid lê çû, me serê tilanime

ئەو مارە ک تو رخد لێ چوو، مە سەرێ تلانمە

Den orm du räds, krossade jag skallen på

EweL pîyaLe u bed mesî?

ئەوەڵ پییاڵه و بەد مەسی؟

Första glaset och redan full?

[Vara stor i mun]

Ewey ki gîrêd yê derd dîrê, ewey ki xenêd hizar u yê derd

ئەوەی کە گیرید یێ دەرد دیری، ئەوەی کە خەنید هزار و یێ دەرد

Den som gråter har ett problem, den som skrattar har tusen och ett problem

Er yewaş rê kem şerr resêde pêma – Er tin rê kem resime şerrew

ئەر یەواش ڕێ کەم شەر ڕەسیده پێما – ئەر تن ڕێ کەم ڕەسمه شەرەو

Går jag sakta kommer problemen ifatt mig – Går jag fort kommer jag ifatt problemen

#

Êware bixef, axir dinyas – Şewekî eLis, eweL dinyas

ئێواره بخەف، ئاخر دنیاس – شەوەکی ئەڵس، ئەوەڵ دنیاس

Sov på natten, det är tidens ände – Vakna på morgonen, det är tidens början

F

FiLanî gemaLê daşt, meresê besa milê, çirrîyê: Tancî, tancî

فلّانى گەمالّیٚ داشت، مەرەسیٚ بەسا ملیٚ، چرییٚن: تانجى، تانجى

Gubben hade en gammal hund, han la halsband runt dess nacke och ropade: Jakthund, jakthund (vinthund)

Fêrege fêrê meke – Eger kirdî têrê bike

فیٚرەگە فیٚریٚ مەکە ـ ئەگەر کردى تیٚریٚ بکه

Lär inte den vise något – Om du ändå gör det se till att mätta honom

G

Ga bar kuşêdey, merd (pîya) hamaL

گا بار کوشیٚدەى، مەرد هامألّ

Bördan dödar tjuren, konkurrens mannen

Ga le gûrî dîyare

گا له گوورى دییارە

Man vet hur tjuren blir redan när den är kalv

Ga mird u şîre u yere birrya

گا مرد و شیرە و یەرە بریا

Kon dog och kooperativet lades ner (se: şîre u yere)

Ga mirê kîyerd fire bû

گا مریٚ کییەرد فرە بوو

Dör kon blir det gott om dolkar

32

Gawan le gawanî arê nat – Le nan cema kirdin arê hat

گاوان له گاوانی ئاری نات ــ لَه نان جهما کردن ئاری هات

Koherden skämdes inte för att han var herde – Han
skämdes för att han fick samla bröd (åt sina kor)

Ga we bûrrewa nasêd

گا وه بوورروا ناسِّد

Kon känner du igen av dess läte

Ga we demi ciftyar nûrrê

گا وه دهم جفتیار نووری

Kon tittar på bondens mun
[Den som tar andras idéer och gör det till sitt]

Gayg eray camig dû êwet nîyeken

گایگ ئهرای جامگ دوو نِّیوهت نییهکهن

Man föder inte upp en ko för ett glas yoghurtdrink

Gayg hate mêze mêze, axirê mêze

گایگ هاته مِّزه مِّزه، ئاخری مِّزه

En kissnödig ko, kissar
[Måste man så måste man]

Giryêg we des waz bû, era we dêan (digan) wazê keyd?

گرینگ وه دهس واز بوو، ئهرا وه دینان وازی کهید؟

Varför använda tänderna på en knut som går att lösa
med händerna?

Gurg çüzanê qîmeti qatir çene

گورگ چۆزانی قیمهت قاتر چهنه

Vad vet vargen vad en åsna är värt

Gurg girtinê mixtê bîyen, wet: Wilim ken rîyen der çî

گورگ گرتنێ مختێ بییەن، وەت: ولم کەن رییەن دەر چی

Man fångade vargen för att ge den ett kok stryk, vargen
sa: Släpp mig, flocken kommer undan

Gurg le wexti tengî pişt kenew yek

گورگ لە وەخت تەنگی پشت کەنەو یەک

Vargar är enade i farans stund

Gurg nawê beyd, hazire [Naw gurg beyd, hazire]

گورگ ناوێ بەید، هازرە

Nämner du vargens namn är den beredd

Gurg hegi pîr bû, bûdine rîşq(x)enî seg

گورگ هەگی پیر بوو، بوودنە رِیشقەنی سەگ

När vargen blir gammal, blir den till hundens åtlöje

Gûşt hersey girane, nexwardinî erzane

گووشت هەرسەی گرانە، نەخواردنی ئەرزانە

När kött är dyrt, är det billigt att inte äta den

Gûşti yek buxwen, siqan yek nîyeşkinin

گووشت یەک بوخون، سقان یەک نیییەشکنن

Skada varandra, men bryt inte varandras ben

Gûşti heLaLe, awgûşti herame

گووشتێ هەڵاڵە، ناوگووشتێ هەرامە

Hans kött är halal (laglig), hans gryta är haram (olaglig)

**GemaL ew le Bexda tirrê, nani me leyra (le îra) bûde
cüye**

گەماڵ ئەو لە بەخدا تڕێ، نان مە لەیرا بووده جۆیه

Den gamle hunden (walin av pusht-i-kuh) fiser i Bagdad,
över här förvandlas mitt bröd till råg

34

GemaL qulê şikê, düyê besin [Sey qulê şikê düyê girinew]

گەماڵ قولی شکی، دۆیی بەسن

Den gamle hunden bröt benet, man gipsade dess svans

Geni xwem le xasi merdim xastire

گەن خوەم لە خاس مەردم خاسترە

Min sämsta är bättre än folkets bästa

Gêa (Gida) er yekê bû, gayg eray ser birrin

گێیا ئەر یەکی بوو، گایگ ئەرای سەر برن

Hade tiggarna varit en enda, hade man slaktat en ko för honom

Gêa rüyê reşe u türegey pirre

گێیا رۆیی رەشه و تۆرەگەی پره

Tiggaren har smutsig ansikte och full säck

Gîyan çûde cayg, kirm u mûr xweydey

گییان چووده جایگ، کرم و موور خوەیدەی

Själen går till ett ställe där den äts upp av maskar och myror

Gîya we cî sextew mînê

گییا وه جی سەختەو مینی

Växten kvarstår i de svårtillgängliga platserna

Gîweker pay petîye

گیوەکەر پای پەتییه

Skomakaren går barfota

Girrme hirr bûwari, baran newari

گرمه هر ببوواری، باران نهواری

Må det blixtra och dundra, bara det inte regnar
[Om vrede]

Gîwe kûwane le bîyaban nêmete

گیوه کووانه له بییابان نێمهته

Slitna skor är ovärderliga i öknen

GuL pişt u rü nêri

گوڵ پشت و رۆ نێرێ

Blomma saknar fram- och baksida

Gunakar derçü le tafi dew - bîguna girya le şesi xew

گوناکار دەرچۆ له تافیٰ دهو ـ بیگونا گریا له شهسیٰ خهو

Den skyldige kom undan p.g.a. sin snabbhet – den
oskyldige åkte fast p.g.a. sin yrvakenhet

Gûz werawer gûz, xurma binerxi rûj [Gûz we nirxi gûz – Xurma we nirxi rûj]

گووز وهراوهر گووز، خورما بنهرخ رووژ

Skitsnack motsvarande skitsnack, dadel motsvarande
dagspriset

Gunakar minakar [Minakar, gunakar]

گوناکار مناکار

Syndaren är den som förbjuder andra

H

HeLaLxwerî le kemdesîye

هەڵاڵخوهری له کهمدهسییه

Ärligt leverne är p.g.a. fattigdom/svaghet

Her ke we rê xwey

هەر کە وه ڕێ خوەی

Var och en sin väg

Hemam we pif germew nîyew

هەمام وه پف گەرمەو نییەو

Badet värms inte med fis

Her guLê bûwig dîri

هەر گوڵێ بووگ دیرێ

Varje blomma har sin egen lukt

Heya tikêge; (Er) tikya, şermê nîyemînêd

هەیا تکێگە؛ (ئەر) تکیا، شەرمێ نییەمینێد

Skam är en droppe; Om den droppar finns det inget kvar

Heq bizini hil we lay bizini şaxdar nîyemênê

هەق بزن هل وه لای بزن شاخدار نییەمێنێ

Den hornlöse getens rätt kvarstår inte hos den
behornade geten

Hec ha deri maL xwed

هەج ها دەر ماڵ خوەد

Vallfärden (hajj) är utanför din egen dörr

Heyadar le heyay xwey tirsê; Bîheya üşê lêm tirsê

هەیادار له هەیای خوەی ترسێ؛ بی هەیا ئۆشێ لێم ترسێ

Den anständige räds sin skamlöshet; Den skamlöse säger:
Han räds mig

Heywaneyl le xişe wan, gurg tek deyde wer

هەیوانەیل لە خشە وان، گورگ تەک دەیدە وەر

Djuren flyr ljudet av prassel, vargen går fram till den

Ha seri kilig şeytanew

ها سەر کلگ شەیتانەو

Han styrs av djävulen

HamaLî hem xaye tûway hem maye

هامالّی هەم خایە تووای هەم مایە

Konkurrens behöver både mod och kapital

Hizar dûs keme, yê dişmen fires

هزار دووس کەمە، یێ دشمەن فرەس

Tusen vänner är för få, en fiende för många

Hüç kes maL bira beş nîyekey, bêcge birajin

هۆچ کەس مالّ برا بەش نییەکەی، بێجگە براژن

Ingen delar ut sin broders rikedom, förutom svägerskan

Hûkare (hukare) le gurg har bedtire

هووکارە (هوکارە) لە گورگ هار بەدترە

Missbrukaren är värre än en rabiat varg

Her çê heqe, wişk u reqe

هەر چێ هەقە، وشک و ڕەقە

Sanningen är hård och torr

Her çê ha le zatid, derîxê meke

هەر چێ ها لە زاتد، دەریخێ مەکە

Dröj inte med det du har i sinnet

Hersey zêw fires – Qewr we enazes

ھەرسەى زێو فرەس – قەور وە ئەنازەس

Även om det finns gott om mark – Är graven ändå
måttbeställt

Her ke tûrya, beşê xurya

ھەر کە توورىا، بەشێ خورىا

Den som surade (och gick) blev lottlös

Her kes der kefê, wer kefê

ھەر کەس دەر کەفێ، وەر کەفێ

Den som hamnar utanför, hamnar framför

Her ke le maL çü, le ixtîyar çü

ھەر کە لە ماڵ چۆ، لە ئختییار چۆ

Den som överger sitt hus, överger sin vilja

Her ke we seng u meni xwey

ھەر کە وە سەنگ و مەن خوەى

Var och en efter sin förutsättning

Her gûrê le gûreyl dür bû, wefir qulê birrê

ھەر گوورێ لە گوورمیل دۆر بوو، وەفر قولێ برێ

Den kalv som fjärmar sig från andra kalvar, får sina ben
skurna av snön

**Her ke bişnewê deng u dawiman – Dî bari nîyetyerê erê
asîyawiman**

ھەر کەبشنەوێ دەنگ و داومان – دى بار نییەتیەرێ وە ئاسییاومان

Om någon skulle höra vårt bråk skulle ingen hämta sin
last till vår kvarn

Her melê zewaL melêge

هەر مەلێ زەوالْ مەلێگه

Varje varelse är en annans börda

Hegi tengide we misewî daLigid büş kake

هەگێ تەنگده وه مسەوى دالْگد بۆش كاكه

När du är i trångmål, kalla din mammas pojkvän för herrn

HeLperge nîyezanê, üşê: Hisaregedan çefte!

هەلْپەرگه نییەزانێ، ئۆشێ: هسارەمگدان چەفته!

Han kan inte dansa och ursäktar sig med: Er gård lutar

HeLmetê le mîyetê xastire

هەلْمەتێ له مییەتێ خاستره

Hans angrepp är bättre än hans hjälp

Hem xuda tûway hem xurma

هەم خودا تووای هەم خورما

Vill ha både gud och dadel

[Äta kakan och behålla den]

Hemey maLegem kutê qalîye – Bixemey ewla, îlay xalîye

هەمەى مالْەگەم كوتێ قالییه ــ بخەمەى ئەولا، ئێلاى خالییه

Hela min rikedom är en matta – Sprider jag den där blir det tomt här

Hîç kam-man le hîç kam-man negrîm tawan – Yekê bûde luwîne, yekê we gawan

هیچ كاممان له هیچ كاممان نەگریم تاوان – یەكێ بووده لووینه، یەكێ وه گاوان

Låt oss inte förebrå varandra – En blir mjölnare, en koherde

40

Ii

Imrû le mine, sûwa le tine

نمروو له منه، سووا له تنه

Idag står jag för det, imorgon står du för det

Î

Î mirîje, rêy dirîje

ئی مریژه، رێی دریژه

Den här myran har långt kvar att gå

Î xere new xerêtir – PaLanê kem we rengêtir

ئی خەرە نەو خەرێتر – پاڵانێ کەم وه رەنگێتر

Om inte denna åsna, en annan – Jag gör en sadel i annan
färg

Î dese we cî ew desege nîyewirrin

ئی دەسه وه جی ئەو دەسەگه نییەورن

Man kapar inte en hand istället för en annan

Î rawe eray rûwîye

ئی راوه ئەرای رووییه

Den här jakten är för räven

Îra new îratir – Î kene new, kenêtir

ئیرا نەو ئیراتر – ئی کەنه نەو، کەنێتر

Går det inte här så någon annanstans – Om inte denna ås
en annan

J

Jijû üşê: Le minaLi me nermtir kî dîye?

ژژوو ئۆشێ: له منالٚ مه نەرمتر کی دییه؟

Igelkotten säger: Finns det något barn mjukare än mitt?

Jin bennase, mêre karger

ژن بەنناسه، مێره کارگەر

Kvinnan är arkitekten, mannen arbetaren

Jini bî şü, kemçigi bî dü

ژن بی شۆ، کەمچگێ بی دۆ

Ogift kvinna, skaftlös slev

Jinê xêz bixerey çem, dawanê terr nîyew

ژنێ خێز بخەرەی چەم، داوانێ تەر نییەو

Slänger du en vis kvinna i floden kommer hon ut med torr kjol

Jin le müş tirsê, müş le pişî, pişî le sey, sey le pîya u pîya le jin

ژن له مۆش ترسێ،مۆش له پشی، پشی له سەی، سەی له پییا و پییا له ژن

Kvinnan räds musen, musen katten, katten hunden, hunden mannen och mannen kvinnan

Jin nîyeçûde pişti bira – Çûde pişti şü

ژن نییەچووده پشت برا – چووده پشت شۆ

Kvinnan stödjer inte sin bror – Hon stödjer sin make

K

Kase erê kû eçê, we şûn kuçLe

کاسه ئهرێ کوو ئهچێ، وه شوون کوچڵه

Vart tar sköldpaddan vägen, till stenarna

Kem buxwe, hemîşe buxwe [Kem bixwe, dayim bixwe]

کهم بوخوه، ههمیشه بوخوه

Ät lite, ät alltid

Kemçig dü dêri

کهمچگ دۆ دێرێ

Sleven har svans

Kuçig eger seyînî, paL bê pîyew

کوچگ ئهگهر سهیینی، پاڵ بێ پییهو

Skulle stenen vara för tung, ta i med axeln

Kuçig le şûn xwey seyîne [San le cay xwey seyîne]

کوچگ له شوون خوهی سهیینه

Stenen är säker på sin plats

Kûzeçî le kûze şikyag aw exwa

کووزهمچی له کووزه شکیاگ ئاو ئهخوا

Krukmakaren dricker ur trasig kruka

Kari gen meke u le xuda meLaLikye

کار گهن مهکه و له خودا مهڵاڵکیه

Begå inte synd och räds (bönfall) inte gud

Kasêg beşi me tê newd, demi bûde xwar

کاسێگ بهش مه تێ نهود، دهمێ بووده خوار

Må den skål jag inte har någon del i, vara upp och ned

43

Kasêg ki kêwanû bişiknidê, dengi nîyetê

كاسێگ ک کێوانوو بشکندێ، دەنگێ نیبەتێ

Det låter inte om det skål som gumman har sönder

Kuçig ew hüri diz mexe

کوچگ ئەو هۆر دز مەخە

Påminn inte tjuven om stenar

Kûr ta mirê (emrê) we temay çewe

کوور تا مرێ وه تەمای چەوه

Ända tills dödsögonblicket önskar den blinde sig syn

Kûre xweşe? Ewre ki diL xweşe!

کووره خوەشە؟ ئەوره ک دڵ خوەشە!

Var är hemtrevlig? Där man gläds

Kul darê guL keyd weLam berr nîyegrêd

کول دارێ گوڵ کەید وەڵام بەر نیبەگرێد

Alla träd blommar, men alla träd bär inte frukt

Kul melê gûştxwere, gurg bed nawe

کول مەڵێ گووشتخوەرە، گورگ بەد ناوه

Alla rovdjur är köttätare, endast vargen har dålig rykte

Ker du car xenêd

کەر دو جار خەنێد

Den döve skrattar två gånger

Kes we dû xwey nîyeüşê (nayjê) tirş

کەس وه دوو خوەی نیبەۆشێ ترش

Ingen kallar sin egen yoghurt för sur

44

Kesê keL kuşê, bawgi keL kuştü

کەسێ کەڵ کوشێ، باوگێ کەڵ کوشتۆ

Den dödar bergsbock vars far dödat bergsbock

Kesê mangay wişk êwet nîyekey

کەسێ مانگای وشک ئێوەت نییەمکەی

Ingen föder upp en ko vars mjölk sinat

KeLên aw rişnê, büçig pay sirr bey

کەڵێن ئاو رشنێ، بۆچگ پای سر بەی

Den mäktige häller ut vatten, den svage halkar

Kem-beş büd, bê-beş neüd

کەم بەش بۆد، بێ بەش نەۆد

Hellre liten andel än ingen andel

Key le xwed neü, kêan le xwed bü

کەی لە خوەد نەۆ، کێیان لە خوەد بۆ

Om höet är inte ditt, se till att höboden är din

Kîyerdi jîri werr

کیپەردێ ژیرێ وەڕ

Dolken under kappan

[Den som hatar och vill skada någon men inte får tillfälle]

Kîyerdi jîri werr; Ya werr dirrê, ya zig xawini werr

کیپەردێ ژیرێ وەڕ؛ یا وەڕ درێ، یا زگ خاونێ وەڕ

Dolken under kappan; Antingen skär den kappan, eller dolk ägarens mage

Kuçig exade nûway diz

کوچگ ئەخاده نووای دز

Slänger sten framför tjuven

[Förvarnar]

L

Le nûkase [Nûkîse] qert neke - eger qert kirđî, xerci neke

لە نووکاسە قەرت نەکە ئەگەر قەرت کردی، خەرج نەکە

Låna inte av den nyrike, om du ändå lånar av denne, gör inte av med pengarna

Le qatir pirsîn kî bawgide? Wet esp xaLûme!

لە قاتر پرسین کی باوگدە؟ وەت ئەسپ خاڵوومە!

Man frågade mulan vem dennes pappa var? Mulan svarade: Hästen är min morbror
[Skämmas för sitt ursprung]

Laf herçê küyenetire (kûwanetire), aLûşê fêştire

لاف هەرچی کۆیەنەترە،ئاڵووشی فێشترە

Ju äldre ett täcke är, desto mer kliar det

Laney mûrî (mirüj) we şewnimê wêrane

لانەی موورى وە شەونمی وێرانە

Myrans hus ödeläggs av en dagg

Luqmey qeü hem dem dirrêd hem qing dirrêd

لوقمەی قەۆ هەم دەم درێد هەم قنگ درێد

En stor tugga spräcker både munnen och baken

Le agir xuLekû kefêdew

لە ئاگر خوڵەکوو کەفێدەو

Det ramlar aska från elden

Le cüye direw bike ta newbey genim tîyê

لە جۆیە درەو بکە تا نەوبەی گەنم تییێ

Skörda av rågen tills det är vetets tur

46

Le çingi heLing derçü, kefte çingi peLing

له چنگ ھەڵنگ دەر چۆ، كەفته چنگ پەڵنگ

Han slapp från gamens klor, hamnade i leopardens klor

Le dûzex bijyey we azad, ne le beheyşt bijyey we newker

له دووزەخ بژیەی وه ئازاد، نه له بەهەیشت بژیەی وه نەوکەر

Hellre fri i helvetet än slav i paradiset

Le jini şelîte u segi har bitirs

له ژن شەڵیته و سەگ هار بترس

Räds skamlös kvinna och rabiat hund

Le rîşi birrê deyde sêwiLê

له ریشێ برێ دەیده سێولێ

Han klipper av sitt skägg och ger till sin mustasch

Le zimsan kunayg çene çew gayig, çene leş gayig serma kîşê

له زمسان کونایگ چەنه چۆ گایگ، چەنه لەش گایگ سەرما کیشێ

Vintertid, ett hål lika stor som en tjurs öga, kyler ner lika mycket som en tjurs kropp

Le kul ewrê nîyewarê

له کول ئەورێ نییەوارێ

Det regnar inte från varje moln

Le kîsey xelîfe bexşê

له کیسەی خەڵیفه بەخشێ

Han skänker av kejsarens kista

Lewre tengime, resinim kefêde girye (gire)

لەورە تەنگمە، ڕەسنم كەفێدە گریە

Där jag har problem, där knyter sig mitt rep

M

MaLid eger le şîşes, kuçig mexe le hewsa

مالد ئەمگەر لە شیشەس، كوچگ مەخە لە ھەوسا

Om ditt hus är av glas, kasta inte sten i grannens hus

Mar bedi le pünge hat, pünge çü le der kunagey sewz bî

مار بەدئ لە پۆنگە ھات، پۆنگە چۆ لە دەر كوناگەی سەوز بی

Ormen ogillade mynta, mynta växte vid dess håla

Margezyag le ben sîye we çermig rixi eçi

مارگەزیاگ لە بەن سییە وە چەرمگ ڕخئ ئەچئ

Den ormbitne räds svartvitt rep

Melîçig buxwe, mecükin

مەلیچگ بوخوە، مەجۆكن

Lille fågel ät och kackla inte

Miymûn netwanist bireqsi, wet zêwege çefte

میموون نەتوانست برەقسئ، وەت زێوەگە چەفتە

Apan kunde inte dansa, då sa den att marken lutar

Me üşim aw nîye, ew üşê bikerey lîtige

مە ئۆشم ئاو نییە، ئەو ئۆشئ بكەرەی لیتگە

Jag säger det finns inget vatten, han säger gör soppa

Me üşim nêre, ew üşê bûşey

مه ئۆشم نێره، ئەو ئۆشئ بووشەی

Jag säger det är en hanne, han säger mjölka den

Mar guna keyd, tawanê marmülig deyd

مار گونا کەید، تاوانئ مارمۆلگ دەید

Ormen syndar, ödlan får skulden

Mar mar xwey

مار مار خوەی

Orm äter orm

Mar herçê pêç xwey, ras çûde kunawa

مار هەرچئ پێچ خوەی، راس چووده کوناوا

Hur mycket än ormen ringlar sig, när den ska in i sin håla
är den rak

MaL-birryay le birayş ha şek

مالبریای له برایش ها شەک

Den rånade misstänker t.o.m. sin egen bror

MaLi xwey pê bifrûş

مالٚ خوەی پئ بفرووش

Sälj hans egen egendom till honom

MaLi di (du) kêwanû – Xakê tîyey ta zanû

مالٚ د کێوانوو – خاکئ تییەی تا زانوو

Dammen i två käringars hus når knäna

MaLi dinya tîyeyda, bira nîyetîyeyda!

مالٚ دنیا تییەیدا، برا نییەتییەیدا!

Det världsliga kommer tillbaka, brodern/vännen kommer
inte tillbaka

MaL le deri kunay mar sazê

مالَ له دهر کونای مار سازێ

Bygger sitt hus framför ormens håla

MaL we mêmanew xweşe

مالَ وه مێمانهو خوهشه

Ett hus är trevligt när den har gäster

Mamir aw xwey rü le xuda keyd

مامر ئاو خوهی رۆ له خودا کهید

När hönan dricker ser den upp mot gud

Manga we dizîyew keL girê we aşkira zayid

مانگا وه دزییهو کهلَ گرێ وه ئاشکرا زاید

Kon parar sig i hemlighet men föder öppet

Mang we çew düniney, we kilig işarey ken

مانگ وه چهو دۆننهی، وه کلگ نشارهی کهن

Man ser månen med ögat, pekar mot den med fingret

Me çe müşim, sazim çe mejenê

مه چه مۆشم، سازم چه مهژهنێ

Vad säger jag, vad sjunger min flöjt?

Me xan u tu xan, kî hewLege biranê?

مه خان و تو خان، کی ههولَهگه برانێ؟

Jag kung och du kung, vem ska köra lasten?

Mirdê u zinê we aw pakew bûn

مردێ و زنێ وه ئاو پاکهو بوون

Den döde och den levande rengörs med vatten

50

MinaL ta negîrê, memig we demê nîyenen (nanen)

منالٚ تا نەگیرێ، مەمگ وە دەمێ نییەنەن

Så länge spädbarnet inte gråter får den ingen di

MinaL nû-pa, nû (nüye) nefer le pa xeyd

منالٚ نووپا، نوو نەفەر لە پا خەید

Barn som nyss lärt sig gå, tröttar ut nio personer

Merd şü neyrê, qert şüye

مەرد شۆ نەیرێ، قەرت شۆیه

En man har ingen make, lån är hans make

Meke, le sewr betire (bedtire)

مەکه، لە سەور بەترە

Att inte få göra är värre än tålamod

Mîrati xerr, hini kemtare

میراتێ خەر، هن کەمتاره

Åsnans arv tillfaller hyenan

Mêman xweşê we mêman nat, xawin-maL we herdigî

مێمان خوەشێ وه مێمان نات، خاونمالٚ وه هەردگی

Gästen ogillade gästen, värden båda

Mîwe le şîrînî xwey, kirm deyde tê

میوه لە شیرینی خوەی، کرم دەیدەتێ

Frukt får mask p.g.a. sin egen sötma

N

Nan eray nanewa, gûşt eray qesaw

نان ئەرای نانەوا، گووشت ئەرای قەساو

Bröd för bagaren, kött för slaktaren

Nanxwerê sifredirr

نانخوەرئ سفرەدرر

Äter sin mat och förstör bordet
[Otacksamhet]

Nicaset çû beyde lê, bûy bedtir bû

نجاسەت چوو بەیدەلئ، بووی بەدتر بوو

Om du rör om i avföring, luktar den värre

Nûrr (Nûwirr) du ser dîrê

نوور دو سەر دیرئ

Förbanneleser är tvehövdade

Ne ewqere şîrîn bû, qütid ben – Ne ewqere tîyeL bû, tifid biken

نه ئەوقەرە شیرین بوو، قۆتد بەن – نه ئەوقەرە تییەڵ بوو، تفد بکەن

Var inte så söt att man äter dig – Var inte så besk att man spottar ut dig

Nezan çü zanê – Bizan çe zanê

نەزان چۆ زانئ – بزان چه زانئ

Bry dig inte om HUR han vet, bry dig om VAD han vet

Ne zûwanê şîrîne – Ne gîrfanê sengîne

نه زووانئ شیرینه– نه گیرفانئ سەنگینه

Han har varken len tunga eller fulla fickor

Ne derzîye bişikyê, ne meçîre bûwiryê

نه دەرزییه بشکیئ، نه مەچیره بووریئ

Han är varken nål så han kan gå itu eller tråd så han kan gå av

Ne maLim hes, rehman bûwey – Ne dînim hes şeytan bûwey

نه مألم هەس، رەهمان بووەی – نه دینم هەس شەیتان بووەی

Jag äger inget så skaparen kan ta den ifrån mig – Jag äger ingen tro så djävulen ska ta det från mig

Ne we zûre u ne we herbey ney – Her kesê xwey we çarenüsi xwey

نه وه زووره و نه وه هەربەی نەی – هەر کەسێ خوەی وه چارەنۆس خوەی

Det är varken med tvång eller med stryk – Var och en har sitt eget öde

Nîyezanim u nîyetwanim, deway derde

نییەزانم و نییەتوانم، دەوای دەرده

Vet inte och kan inte är huvudvärkens bot

P

Pa çîye pacînge

پا چییه پاجینگه

Foten hamnade i "klätterhålet"

Padarege bigir, bîpage we cas (Padar bigir bîpa wil ke)

پادارەگه بگر، بییاگه وه جاس

Ta fatt i den gående, den stående är kvar

Pay mîye lerrew bû, Pay weren qeünew bû

پای مییه لەرەو بوو، پای وەرەن قەۆنەو بوو

Smalnar tackans ben, tjocknar baggens ben

Pül Bêe (bide) şeyx, le meçit (mescid) der bike

پۆل بیه شەیخ، لە مەچت (مەسجد/مزگەوت) دەر بکە

Ge pengar till imamen, lämna moskén

Pes(pez) u gurg le yê cû aw xwen

پەس و گورگ لە یێ جوو ئاو خوەن

Får och varg dricker ur samma bäck

PeLi xweyan, we dengi xweyan

پەڵ خوەیان، وە دەنگ خوەیان

Deras klippa (sten), deras röst

Peletê (Peletig) we milew büye, xew (xaw) nemenîye

پەلەتێ (پەلەتگ) وە ملەو بۆیە، خەو نەمەنییە

Har man haft ett rep runt halsen, har man inte haft
någon sömn

Penê ki we erzan le des bîyeydê, we giran senîdi

پەنێ ک وە ئەرزان لە دەس بییەیدێ، وە گران سەنیدێ

Ett råd som förloras lätt, är dyrköpt

Pîyagig ki pîyawetî daştû, le pîyenî asman pîyentire

پییاگگ ک پییاوەتی داشتوو،لە پییەنی ئاسمان پییەنترە

En hederlig man, är vidare än himmelns bredd

Pîya we pile

پییا وە پلە

Män baserad på kategori

Pîran we tewê, zimsan we şewê

پیران وە تەوێ، زمسان وە شەوێ

Ålderdom med dess feber, vinter med dess kväll

54

PêLa pişti pa gîre, düyet we pişti da gîre

پێلا پشت پا گیره، دۆیەت وه پشت دا گیره

Skon är fäst i hälen, dottern är fäst vid modern (moderns rygg)

PîyeLman ha ew desi cû

پییەڵمان ها ئەو دەس جوو

Vår bro finns på andra sidan ån

Paşi le pêşi rey büye

پاشێ له پێشێ رەی بۆیه

Hans baksida har passerat hans framsida
[Förvirrad]

Q

QeLa we qeLa eyjê rüd sîye [QiLa we qiLa üşê: Lay rüt sîyes]

قەڵا وه قەڵا ئەیژێ رۆید سییه

Korpen sa till korpen, ditt ansikte är svart

Qewm eger mar bê, bîla hizar bê

قەوم ئەگەر مار بێ، بیلا هزار بێ

Om ens släktingar är ormar, må dem vara i tusental

Qise tûki pîyaze

قسه تووک پییازه

Prat är som lökens skal

Qise hizare, yekê le kare

قسه هزاره، یەکێ له کاره

Av tusen ord gäller ett

Qisey xweş le beheyştew hatîye

قسەی خوەش لە بەھەیشتەو هاتییە

Vackra ord härstammar från paradiset

Qisey ras ya le minaL bişnew ya le şêt

قسەی راس یا لە منال٘ بشنەو یا لە شێت

Sanningens ord hör du antingen från ett barn eller en galning

Qiseyg le bini sî u du dêan dirat, sî u du kes ejnewêdê

قسەیگ لە بن سی و دو دییان درات، سی و دو کەس ئەژنەوێدئ

En mening som kommer ut mellan trettiotvå tänder, hörs av trettiotvå personer

QiLayg era yey şew sazin

قل٘ایگ ئەرا یەی شەو سازن

De bygger en borg för en natt

Qert bike, jin bixwaz – Qertege deydew, jinege we cas

قەرت بکە، ژن بخواز – قەرتەمگە دەیدەو، ژنەگە وە جاس

Låna pengar för att gifta dig – När du betalat av ditt lån är din fru kvar

Qert şirrew bû, weLam nîyemirê

قەرت شرمەو بوو، وەل٘ام نییەمرئ

Lån blir gammal men försvinner aldrig

Qesaw le hewLi pîye – Bizin le hewLi pûs

قەساو لە ھەول٘ئ پییە– بزن لە ھەول٘ئ پووس

Slaktaren oroar sig för fett – Geten oroar sig för sitt skinn

Qewr-ken bizanisya key mirê – Qewrig eray xwey kenyad

قەورکەن بزانسیا کەی مرئ – قەورگ ئەرای خوەی کەنیاد

Om dödgrävaren visste när han skulle dö – Skulle han gräva sin egen grav

R

Ras biçû, durus biçû

ڕاس بچوو، دوروس بچوو

Gå rakt, gå rätt

Rûwa demi we enür nerisî, wet enüre turşe [Rûwî demê we encîr neresî wet kerres]

ڕووا دەم وە ئەنۆر نەرسی، وەت ئەنۆرە تورشه

Räven kunde inte nå vindruvan, då sa den att vindruvan är sur

Rûwî we kunawa neçî, hejigê besa dü xweyew

ڕووا وە کونا ناچی، دۆینگ ئەرئ خوەییش وەسی

Räven fick inte plats i hålan, den band en gren till sin svans

Rûj we tep u tûz nîyeşaryeydew

ڕووژ وە تەپ و تووز نییەشاریەیدەو

Dagen kan inte döljas av damm

Rûjê xeftim – Heft saL keftim

ڕووژئ خەفتم – هەفت سألْ کەفتم

Jag sov en dag – Förlorade sju år

RûLe dî nemen dengi dilêran – Rûwî retinê le cagay şêran

روۆڵه دی نهمهن دهنگیٚ دلیٚران – رووی رهتنیٚ له جاگای شیٚران

Min kära, det finns inga hjältar kvar - Räven ryter istället för lejonen

Rün firewe bû, qing we pê çewr ken

رۆن فرهوه بوو، قنگ وه پیٚ چهور کهن

Blir det gott om olja, oljar folk sina bakar med det

Rûwî gurgê dî, heLperge le hürê çî

رووی گورگیٚ دی، ههڵپهرگه له هۆریٚ چی

Räven såg vargen och glömde hur man dansar

Rûwî le maL xwey şêrige

رووی له ماڵ خوهی شیٚرگه

Räven är lejon i sitt eget hus

Resin birryey, çûwar ser pêa key

رهسن بریهی، چووار سهر پیٚیا کهی

Skär man ett rep får den fyra huvuden

Rê diz yekêge, rê maL-xawin hizar

ریٚ دز یهکیٚگه، ریٚ ماڵ-خاون هزار

Tjuvens väg är en, husägarens väg är många

Rîşi temakar ha qingi mufLis

ریش تهماکار ها قنگ موفڵس

Den giriges skägg är fast i den bankruttes bak

58

Refîqî sipLe u hamrahî gumra – Mekefe şûni kûr u naşareza

ڕەفیقی سپڵه و هامراهی گومرا — مەکەفه شوون کوور و ناشارەزا

Vänskap med en fåne och att slå följe med en vilsen –
Följ inte den blinde och inte den okunnige

Ras biçû we hakim meçû - Kem bixwe we hekîm meçû

ڕاس بچوو وه هاکم مەچوو ـ کەم بخوه وه هەکیم مەچوو

Var rättskaffens, slipp domaren - Ät måttligt, slipp läkaren

Ras cûr mü barîkew bûd, nîyewiryê

ڕاس جوور مۆ باریکەو بوود، نییەوریێ

Om sanningen skulle bli tunn som ett hårstrå, skulle det inte gå av

S

Saz we heway zemane jenê

ساز وه هەوای زەمانه ژەنێ

Flöjten sjunger efter tidsandan

SaLi gen le weharê dîyare

ساڵی گەن له وەهارێ دییاره

Man känner igen ett dåligt år av dess vår

SaL le nû, daL le nû

سأل له نوو، دال له نوو

Nytt år, ny plats

Sirrid lay yekê bine, pirsid lay hizar

سرد لای یهکێ بنه، پرسد لای هزار

Berätta din hemlighet för en, din sorg för tusen

Sirke her çi tirş bû, zererê eray qapegey xweye

سرکهههر چ ترش بوو، زهرهرئ ئهرای قاپهگهی خوهیه

Ju surare ättikan är, desto värre för dess bägare

Siqan neyde weri xer, key keyde weri sey

سقان نهیده وهر خهر، کهی کهیده وهر سهی

Lägger ben framför åsnan, hö framför hunden

Sûk biçû, siLamet bewrew

سووک بچوو، سڵامهت بهورهو

Res lätt, återkom hel

Sed bertîl, qerzig pasa nîyekey

سهد بهرتیل، قهرزگ پاسا نییهکهی

Hundra mutor betalar inte av ett enda lån

Serim bişkin, nirxim neşkin

سهرم بشکن، نرخم نهشکن

Krossa mitt huvud men inte mitt pris

Seri me keçel u têxi tu birra

سهرئ مه کهچهل و تێخ تو برا

Mitt huvud skallig och ditt rakblad vass

Serê ki ser lê xefya, ta serê neçû ser nîyexefnê

سهرئ ک سهر لئ خهفیا، تا سهرئ نهچوو سهر نییهخهفنئ

En som är van att folk böjer nacke för honom, kommer
inte själv böja nacke förrän han förlorar den

60

Seg büd biray büçig neüd

سەگ بۆد بڕای بۆچگ نەۆد

Hellre hund än lille bror

Seng u tirazü şerm le kes nîyekey

سەنگ و ترازۆ شەرم لە کەس نییەکەی

Vågen skäms inte för någon

Sey eray xawinmaL dûsê dîrin

سەی ئەرای خاونماڵ دووسێ دیرن

Man tycker om hunden för värdens skull

Sey har bû, quli maL-xawin girê

سەی هار بوو، قول ماڵخاون گرێ

En rabiat hund biter sin ägares ben

Sey har imrê çill şewe

سەی هار ئمرێ چل شەوه

En rabiat hund lever i fyrtio dagar

Sey hegi pas keyd, nûrêde düya xwey

سەی هەمگێ پاس کەید، نوورێده دۆیا خوەی

Den skällande hunden ser sig om

Sêf (sêw) we sewzî neken, eger birresê xwey kefê

سێف وه سەوزی نەکەن، ئەگەر بڕەسێ خوەی کەفێ

Plocka inte äpplet när den är grön, den ramlar av sig själv
när den mognat

Ş

Şêr wexti pîr bû, rûwa wepê exenê
شیر وهختی پیر بوو، رووا وه پێ ئهخهنێ
När lejonet kommer till åren blir den till rävens åtlöje

Şikar we şûn kuşyeyd
شکار وه شوون کوشیهید
Villebråd dödas på plats

Şîyerîki diz u refîqi qafiLe
شییهریک دز و رهفیق قافله
Tjuvens partner och karavanens vän

Şêri naw wêşe nêr u ma neyrê
شێر ناو وێشه نێر و ما نهیرێ
Lejonet i dungen har ingen hanne eller hona
[Lejon är lejon]

Şêt bû ta aşiq neüd (newd)
شێنت بوو تا ئاشق نهۆد
Var galen så du inte blir kär

Şîr daxe, pif le mas keyd
شیر داخه، پف له ماس کهید
Mjölken är hett, han blåser på yoghurten

Şêr şiknê, rûwî xwey (exwad)
شێر شکنێ، رووی خوهی
Lejonet krossar, räven äter

Şeytan hersey firezane, tewqi naLet ha milê

شـهیتان هەرسەی فرەزانه، تـهوقێ نالّهت ها ملێ

Trots sin kunskap har djävulen fått förbannelse över sig

ŞewaL eray serdî u germî nîye

شـهوالّ ئەرای سەردی و گـهرمی نییه

Byxor är inte till för värme och kyla

ŞewaL ayimi gêa (gida) le deri qingew dirryeyd

شـهوالّ نایم گێیا لە دەر قنگەو درییهید

Den fattiges byxor rivs sönder i dess bak

Şûxî wel minaLa meke, le cem xicaLetid keyd

شووخی وەل منالّا مەکه، لە جەم خجالّهتد کهید

Skämta inte med barn, för den kommer att skämma ut
dig publikt

Şûwan wet: Eger me nîyatam, gurg rîyeneged xwardî

شووان وەت: ئەهگەر مە نییاتام، گورگ ریيەنەهگەد خواردی

Herden sa: Hade det inte varit för mig hade vargen ätit
upp din flock

Şimşêri xas le qiLaf nîyemînê

شمشێر خاس لە قلّاف نییەمینێ

Bra svärd stannar inte kvar i sin skida

Şitir xawê düni, şitirelewan xawê

شتر خاوێ دۆنێ، شترەلهوان خاوێ

Kamelen drömmer en dröm, kamelherden en annan

Şarid weten ya diLid weten?

شارد وەتەن یا دلّد وەتەن؟

Är din stad ditt hemland eller ditt hjärta?

Şelê minay kûrê kird

شەلێ مناى کوورێ کرد

Den halte påpekar den blindes fel

ŞewaL dirryay caw dünêde (le) xaw

شەواڵ دریاى جاو دۆنێده (له) خاو

Den som har trasiga byxor drömmer om kläder

T

Ta cû tenge, biperri

تا جوو تەنگه، بپەرێ

Hoppa över vattendraget medan den är smal

Ta zûre, qewaLe kûre [Ta zûr hes qewaLe betaLe]

تا زووره قەواڵه کووره

Så länge rå styrka gäller, gäller inga överenskommelser

Tawbê gurg merge

تاوبێ گورگ مەرگه

Vargens ånger är döden

Tiway xwed binasî? Temaşa camek bike

تواى خوەد بناسى؟ تەماشا جامەک بکه!

Vill du lära känna dig själv? Se dig själv i spegeln!

Tu eger lawelawe zanî, xwed era xawdaw nayi?

تو ئەگەر لاوەلاوه زانى، خوەد ئەرا خاوداو ناى؟

Om du nu kan sjunga vaggsång, varför kan inte du själv somna?

64

Ta peringe hes, era beyde aw?

تا پەرنگە ھەس، ئەرا بەیدە ناو؟

Varför vada, när det finns en övergång?

Ta rûwî qewaLe da des, kewL u pûsê kenîn

تا رووی قەوالّە دا دەس، کەولّ و پووسێ کەنین

Tills räven gav upp kontrakten, hade man hudflängt den

Ta aqiL rê rê kird, şêt perrîyew

تا ئاقلّ ڕێ ڕێ کرد، شێت پەرییەو

Medan den vise tog försiktiga steg, hoppade fånen över

Tancî wexti şikar güyê tîyê

تانجی وەخت شکار گۆیێ تییێ

Jakthunden blir nödig när det är dags för jakt

Tawisan bawgi gêas (gidas)

تاوسان باوگ گێیاس

Sommaren är de fattigas fader

Tancî we zûr bûweydê şikar, rîyeyde dar u binciga

تانجی وه زوور بووەیدێ شکار، ڕییەیدە دار و بنجگا

Tvingar du jakthunden med på jakt, skiter den överallt

Tirazû xêr u şerr

ترازوو خێر و شەڕ

Våg: Välsignelse eller olycka

Tirr we şewaLew (şûwaL) nîyewisê

تڕ وه شەوالّەو نییەوسێ

Fis stoppas inte av byxan

Tu neüşe pêm bawgi segid – Ta xiraw nîyeme bawgi begid

تو نەۆشە پێم باوگێ سەگد — تا خراو نییەمە باوگێ بەگد

Kalla inte min far för hund så ska jag inte svära åt din höge far

Tifê ki keydê hewa deyde naw demi çawi xwed

تفێ ک کەیدئ هەوا دەیده ناو دەم چاو خوەد

Spottar man uppåt, får man spotten i sitt eget ansikte

Tûwas çiLmi bisirrê, çewi dirawird

تووەاس چڵمئ بسرێ، چەوئ دراورد

Ville torka bort hans snor, gjorde honom blind [björntjänst]

Tu ha bike mi hü kem, tu jin tîyerî me şü kem

تو ها بکە م هۆ کەم، تو ژن تییەری مە شۆ کەم

Gör du så, gör jag si – Tar du dig en fru, tar jag mig en man

Temaşaçî paLewane

تەماشاچی پاڵەوانه

Åskådaren är modig

Tewr dü xwey nîyetaşê (Tîşig dü xwey nawiri)

تەور دۆ خوەی نییەتاشئ

Yxan hugger inte av sitt eget skaft

Tûway delakî we bani seri keçeLê minew yay bigrî?

تووای دەلاکی وه بان سەر کەچەڵئ منەو یای بگری؟

Vill du lära dig bli barberare på min skallige huvuds bekostnad?

Tîr u tîyet

تیر و تیەت

Skott och sten

[Vatten och olja]

Ta rezay xuda newd giLay dar nîyerizê

تا ڕەزای خودا نەود گڵای دار نییەرزێ

Utan guds tillåtelse faller inte trädens blad

Tîr xeyd, keman şarêdew

تیر خەید، کەمان شاریدەو

Avlossar en pil, gömmer bågen

Tîke nanê le maLi xan hat, tütigê le şûni hat

تیکه نانێ له ماڵ خان هات، تۆتگێ له شوونێ هات

En bit bröd kom från Khanens hus, den åtföljdes av en valp

[Med turen följde otur]

Tîkey nan u pîyaLey çay, siqan azayî u patişayî

تیکەی نان و پییاڵەی چای، سقان ئازایی و پاتشای

En bit bröd och ett glas te – Vara frisk och känna sig som en kung

Ta nekîşî cefa, naynü sefa

تا نەکیشی جەفا، ناینۆ سەفا

Har du inte genomlidit svårigheter, upplever du ingen glädje

[Genom svårigheter till stjärnorna]

Ü

Üşim le wirsî mirdim, üşê Besre xurma dîrê

ئۆشم له ورسی مردم، ئۆشێ بهسره خورما دیرێ

Jag säger att jag dör av hunger, han säger det finns gott om dadlar i Basra

W

We desi xwem, agir nîyame qiji xwem

وه دهسێ خوهم، ئاگر نییامه قژ خوهم

Med mina egna händer, brände jag mitt eget hår

We rûwa eyjin: Kî şahid tune? Eyji dumim

وه رووا ئهیژن: کی شاهد تونه؟ ئهیژێ دومم!

Man frågade räven: Vem är ditt vittne? Min svans!

Wetne pişî güyeged dermane, çü şardêwa

وهتنه پشی گۆیهگهد دهرمانه، چۆ شاردێوا

Man berättade för katten att dess avföring är medicin, katten gömde den

We meclis çîn asane, eLsanê girane

وه مهجلس چین ئاسانه، ئهڵسانێ گرانه

Det är lätt att gå till ett möte, det svåra är att lämna den

Wexti şûwan nîye, biznegerrge edêde şûwan

وهختێ شووان نییه، بزنهگهرگه ئهدێده شووان

När herden är borta, blir den skabbige geten herde

68

Wa le kuçig çiştê nîyewey

وا له کوچگ چشتێ نییهوهی

Vind rår inte på sten

Wiraz le merreze tûrya, çill men we merreze zîyay kirya

وراز له مهرمزه توورِیا، چل مهن وه مهرمزه زییای کریا

Svinet blev "ovän" med risfältet, skörden ökade med fyra hundra kg

Wirsî nan dünêde xaw, birêne (birehnê?) caw

ورسی نان دۆنێده خاو، برێنه جاو

Den hungrige drömmer om bröd, den nakne om kläder

Wet: Le kû qurb eLgirtî? Wet le maLi xwem – Wet: Le kû le desê day? Wet le maLi xwem

وهت: له کوو قورب ئهڵگرتی؟ وهت له ماڵ خوهم – وهت: له کوو له دهسێ دای؟ وهت له ماڵ خوهم

Var åtnjöt du respekt? I mitt eget hus!

Var förlorades respekten för dig? I mitt eget hus!

We tinafi mift, xwey tasnê

وه تناف مفت، خوهی تاسنێ

Hänger sig själv med billigt rep

We tin têjî kar nimew meyser – We zûwani şîrîn mar meyû we der

وه تن تێژی کار نمهو مهیسهر – وه زووان شیرین مار مهیوو وه دهر

Med bryskhet slutförs inte arbetet – Med len tunga får man ut ormen från dess håla

We çew dünê, we diL bawer nîyekey

وه چهو دۆنێ، وه دڵ باوهر نییهکهی

Han ser med ögat, men tror inte med hjärtat

We çewe azage deyd, we çewe kûrege sênêd

وه چەوه ئازاگه دەید، وه چەوه کوورەگه سێنێد

Du ger med det friska ögat och tar med det blinda

Wextê diL pake, zûwan bîbake

وەختێ دڵ پاکه، زووان بیباکه

Ren samvete, orädd tunga

Werr we lay tenikyew dirryeyd

وەڕ وه لای تەنکیەو دریەید

Kappan går sönder i dess tunnaste del

We dûsi taze u maL taze bawer meke

وه دووس تازه و ماڵ تازه باوەر مەکه

Tro inte på ny vän och nybildad familj

[Var inte naiv]

We rê kirdin çü ga, we aw xwardin çü xer

وه رێ کردن چۆ گا، وه ئاو خواردن چۆ خەر

Gå som en tjur, drick som en åsna

We zineyîm neym (nedîm) ciftê kewş le pay – Wexti mirdinîy deh (dîye) cift kewş le lay

وه زنەییم نەیم (نەدیم) جفتێ کەوش له پای – وەخت مردنیی ده (دییه) جفت کەوش له لای

Under hela hans liv såg jag inte hans fötter i ett par skor – När han dog fanns det tiotals skor vid hans sida

Wexti kar u bar bûme yar – Wexti çiz u biz keydeme diz

وەختێ کار و بار بوومه یار – وەخت چز و بز کەیدەمه دز

När du behöver mig är jag din vän – När du ska äta kallar du mig tjuv

[Otacksamhet]

70

Wetne keçeL süre, wet: We me çe?

Wetin süri tune, wet: We tu çe?

وهتنه كهچهڵ سۆره، وهت: وه مهچه؟

وهتن سۆرێ تونه، وهت: وه تو چه؟

Man sa till den skallige, det är bröllop, han sa: Vad angår det mig?

De sa: Det är ditt bröllop, han sa: Vad angår det dig?

Wey hegi bay, we yekê u dûwan nîyewisê

وهى ههگێن باى، وه يهكێ و دووان نييهوسێ

En olycka kommer aldrig ensam

X

Xuda xer enasî, şax epê neda

خودا خهر ئهناسى، شاخ ئهپێ نهدا

Skaparen känner sin åsna, därför fick den inga horn

Xew le merg birdîye

خهو له مهرگ بردييه

Sömn är lilla döden (Sömn tar från döden)

Xefet mi xwey, mi xefet nîyexwem

خهفهت م خوهى، م خهفهت نييهخوهم

Sörjer du för min skull? Jag sörjer inte!

Xer we ga üşê: Ti nefamî

خهر وه گا ئۆشێ: ت نهفامى

Åsnan säger till tjuren: Du är dum!

Xawin şene, qatir senê!

خاون شهنه، قاتر سهنێ!

Han äger inget, köper mula!

71

Xuda karê bisazê – xaLû xwarza bixwazê

خودا کاری بسازی – خاڵوو خوارزا بخوازی

Må skaparen göra så att morbrorn ska gilla sin systerson

Xuda genim diris keyd, xetê neyde beynîyan

خودا گهنم درس کهید، خهتی نهیده بهینییان

Då skaparen skapade vete, satte han en skiljelinje i dess mitt

Xan le xanime

خان له خانمه

Bakom varje storman står en kvinna

Xuda lane eray baLdarê kûr diris keyd

خودا لانه ئهرای باڵداری کوور درس کهید

Gud ordnar med boning till den blinda fågeln

Xuda le suLtan zûrdartire

خودا له سوڵتان زووردارتره

Gud är starkare än sultanen

Xuda hegi tûway rizqi mûrîj bûrê, baL deyde pê

خودا ههگی توِوای رزق مووریژ بووری، باڵ دهیده پی

När skaparen vill göra myran ödmjuk, ger han den vingar

Xweri şewekî le êware tîjtire

خوهر شهوهکی له ئێواره تیژتره

Morgonsolen är vassare (starkare) än middagssolen

Xweş-ferman şîyerîk dewLemene

خوهشفهرمان شییهریک دهوڵهمهنه

Den lyhörde är den rikes partner

Xetne sunete ne le bêxa

خەتنە سونەتە نە لە بێخا

Omskärelse är tradition, kapa inte av hela

Xwem hüç nîyim, xaLûm minêde şêr

خوەم هۆچ نییم، خاڵووم منێدە شێر

Själv är jag ingenting, min morbror är som ett lejon

Xwey dirrêd u xwey dürnêd

خوەی دڕێد و خوەی دۆرنێد

River den själv och syr den själv

Xer barê tifeng bû, gurg xweydey

خەر باری تفەنگ بوو، گورگ خوەیدەی

Även om åsnans last är gevär, kommer vargen äta upp den ändå

Xeri karwançî çax nîyew

خەر کاروانچی چاخ نییەو

Karavandrivarens åsna fetnar inte

Xer gurg dünê, gûş qüçnê

خەر گورگ دۆنێ، گووش قۆچنێ

Ser åsnan en varg, lägger den öronen bakåt

Xas bû, xwem kerdenî – Xiraw bû Xuda kerdenî

خاس بوو، خوەم کەردەنی – خراو بوو خودا کەردەنی

Vart det bra, var det jag – Vart det inte bra, var det gud

Xeri leng düyay qafiLes

خەر لەنگ دۆیای قافلەس

Den halte åsnan går bakom karavanen

Xerrê ki le me çî – agir barê bû

خەرێ ک لە مە چی – ناگر بارێ بوو

Den åsna jag (blev av med) förlorade – Må dess last vara eld

Xerrê ki we pîyazê bisênîdey, le xergaw mirdaLa bû

خەرێ ک وه پییازێ بسێنیدەی، لە خەرگاو مردالا بوو

Åsnan som är köpt för en lök, dör i leran

Y

Ya pişt pirr, ya mişt pirr

یا پشت پر، یا مشت پر

Antingen gott om beskyddare, eller gott om egna pengar

Ye rîş u ye qeyçî

یه ریش و یه قەیچی

Här har du skägget och här har du saxen

Yekê agir çü le maLê, yekêtir melüçig we pê birşan

یەکێ ناگر چۆ لە مالێ، یەکێتر مەلۆچگ وه پێ برشان

Den enes hus brann, den andre grillade en sparv över elden

Z

Zigi wirsî xün key

زگ ورسی خۆن کەی

Svulten mage blöder

Zimsan yey şew bimînê, kari xwey keyd

زمسان یەی شەو بمینێ، کار خوەی کەید

Om vintern stannar för en natt, gör den ändå sitt jobb

Zûri xerr nîyetyê, zûr keyde paLan

زووری خەر نییەتیی، زوور کەیده پاڵان

Han rår inte på åsnan, så han ger sig på (pack-) sadeln

Zig deyde çeqû

زگ دەیده چەقوو

Ger magen till kniven

[Person som är ute efter bråk]

Zêw sexte, ga we ga tawan girê

زێو سەختە، گا وه گا تاوان گرێ

Jorden är svårbrukad, tjuren skyller på den andra tjuren

Ordlista

A

ALûş Klåda
Amûza Farbrors son
Asîyaw Kvarn
Aş Soppa
Aşkira Synlig, Öppet
Aw heLgirê Mognar

B

BaLdar 1 Fågel 2 Bevingad
Bar Börda, Last
Barîkî Tunnhet
Besre Stad i Irak
Bawanî Hemgift
Bawejin Brors fru
Beg 1 Stor 2 Mäktig 3 Högburen person
BeLa Olycka, Kalamitet
BeLam Men
BeLm Halm
Benna 1 Arkitekt 2 Byggare
Berd 1 Sten 2 Släppt
Berr 1 Bära frukt 2 En sorts röd sten 3 Öde, Karg
Bertîl Muta, Bestickning
Berü Ekollon
Beşker Utdelare
BetaLa Arbetslös
Betir Sämre
Beü Brud
Bewrew Kom tillbaka
Bê-beş Lottlös, Utan andel
Bêcge Utom
Bêgane Främling

BêL Spade
Bêx Botten
Bidray Dras ut
Bijye Lev!
Birayî Brödraskap
Birêne Naken
Birra Vass, Skarp
Birşan Grillade
Birüye Ögonbryn
Bixt Förtal, Beskyllning
Biznegerrge Skabbig get
Bîbak Orädd
Bîbira Broderlös
Bîgar 1 Sysslolös 2 Tomhänt
Bîla Tillåt, Låt vara
BîxisLet Karaktärslös
Bûrre Kons läte
Bûşey Mjölka!

C

CahiL Ung
Cam Skål
Caw 1 Kläder 2 Svepning
Cefa 1 Svårighet 2 Tvång
Cem 1 Samling 2 Samlad
Cewr 1 Svårighet 2 Förtryck
Ciftyar Bonde
Cîya 1 Åtskild 2 Ensamstående
Cîye cengan Krigsfält
Cû Bäck
Cûwanî Ungdom
Cüye Råg

ç

Çarenüs 1 Öde 2 Gud
Çem Å,Bäck
Çemya Böjde sig
ÇepLe Klappa händer
ÇeqeL Schakal
ÇiLm Snor
Çinar Tysklönn
Çiz u biz Mage (djurs)
ÇukuLşikin 1 Hycklare 2
Oärlig person
Çuner 1 Rödbeta 2 Beta
Çü Som, Lik

D
Da 1 Mor 2 Amma 3 Gav
DaL 1 Gam, Asätare 2 Plats,
Område 3 Plats i kö
Dan 1 Foder 2 Frö 3 Styck 4
Animalisk fett 5 Del, Andel 6
Suffix med betydelsen
innehålla
Danüke Frö till fåglar
Dar u binciga Snår, Buske
Darizyê 1 Ruttnar 2 Smulas
sönder
Dawan Sköte, Famn
De 1 Av 2 Från
Dem 1 Mun 2 Tänt
Demi çaw Ansikte
Deng u bas Diskussion
Deng Läte, Ljud
Derwes Stänga, Bomma igen
Desxirre Bedra och lura
Dewa Medicin, Bot
DewLemen Rik
Dey By
Dêan (digan) Tand

Dêan saz Tandläkare
DêwiL Trumma
DiL pak Renhjärtad, Ren
samvete
Dilêr 1 Tapper, Modig 2
Hjälte
Direw 1 Skörda 2 Skörd
Dirêxt Tvekan, Vackla
Dirrêd River
Dirrig Tagg, Törne
Dît (Du) Såg
Dûzex Helvete
Dü 1 Rök 2 Svans
DükeL Rök
Dünê (Hen) Ser
Dür Fjärran, Avlägsen
Dürnêd (Hen) Syr
Düyay 1 Efter 2 Sedan
Düyet Dotter

E
ELeng eLeng Sakta sakta
ELis Res på dig, Ställ dig upp
Enaze Mått
Erwawî Jordbruk
Espi bidew 1 Snabb häst 2
Väldresserad häst
EşxaL Boskap
Ewsa 1 Sedan 2 Då
Ez Jag

Ê
Êwet 1 Föda upp 2
Uppfostra
Êyşa Gjorde ont

F
Fêr 1 Lära 2 Leta

77

Fêrege Den vise, Den kunnige
FiLanî Någon
Fire Mycket
Firexwer Glupsk

G

Gawan Koherde
Gawanî Jobba som koherde
GemaL Gammal hund
Genim Vete
Gerden Nacke
Gewra 1 Stor 2 Storman
Gêa (Gida) Tiggare
GiLa Blad
Gird(ew) Samlad
Girin 1 Fångar 2 Tar
Girinew Gipsar
Girrme Dunder
Girrme hirr Blixt och dunder
Giry(êg) Knut
Gîrê Gråter
Gîrfan Ficka
Gîwe Sko
Gîweker Skomakare
Gîya Växt
Gumra Den som tappat bort sig
Gunakar Syndare
Gûçan Käpp med böjt handtag
Gûr Kalv
Gûştxwer Köttätare

H

Hakim Domare
HamaL Konkurrent

Har 1 Rabiat 2 Rabies besmittad
Hegi 1 När ... blir 2 När ... är
Hekîm Läkare
HeLeLe Reklam
HeLing Gam
HeLpeLe 1 Mardröm 2 Kalabalik, Turbulens
HeLperge Kurdisk folkdans
HeLsê Resa sig
Heres 1 Beskära grenar 2 Andetag 3 Snöskred
Hersey 1 När ... är 2 Även om,Trots att
HewL 1 Oro för ... 2 Förvirring 3 Last 4 Girighet
HewLe(ge) 1 Last 2 Lastdjur 3 Handduk
Hewsa Granne
Heya Skam
Heyadar Anständig
Hil Hornlös
Hin Tillhör, Ägs av
Hisar Gård
Hûkare 1 Beroende ,Missbrukare 2 Van 3 Upplärd

I

Işkeft Grotta
Ixtîyar 1 Val 2 befogenhet

Î

Îse Nu, Just nu

J

Jenê 1 Spelar (musikinstrument) 2 Skakar om

Jeng Rost
Jijû Igelkott
Jin mirdê Änkling

K

Karga 1 Fabrik 2 Verkstad
Karwançî 1 Karavanförare 2 Karavanens ledare
Kase 1 Sköldpadda 2 Skål
Keftew 1 Antändes 2 Satte igång
KeL girê Parar sig
KeL Bergsbock, Bergsget
KeLên 1 Stor, Massiv 2 Storman
Keman Pilbåge
Kem-beş Liten andel
Kemçig Slev
Kemdesî Fattigdom
Kemtar Hyena
Kene Vattenkälla
KewL u pûs Skinn
Key 1 Hö 2 När
Kêan (Keydan) Höbod
Kirre Knarr
Kîyerd Dolk
Kutek Påk
Kûrkûrek Mal (Insekt)
Kûze Kruka
Kûzeçî Krukmakare

L

La we la 1 Gå sidleds 2 Sidleds
Laf Tjock täcke
Lane Bo,rede

Lar 1 Smal 2 Sned,Skev 3 Kropp 4 Kråma sig 5 En sorts gevär
Lare(me) Klagan
Lawelawe Vaggsång, Vaggvisa
Leng Halt
Lerr(ew) Smal
Lîqaw 1 Saliv 2 Silad risvatten som ska vara bra för lungsmärtor
Lîtige En sorts efterrätt gjord av mjöl och mjölk och vatten
Luwîne Mjölnare
Lüyet Naken

M

MaL-birrya 1 Den vars hem är bestulen 2 Bestulen
MaL-xawin 1 Husägare 2 Hyresvärd
Mamir Höna
Mang Måne
Mange şew Månsken
Margezyag Ormbiten
MawiL Respit, Uppskov
Maye 1 Kapital 2 Hona 3 Anledning
Meçîr Tråd, Snöre
Meçit Moské
Meçû Gå inte
Mecükin Kackla inte
Mejenê Spelar (Musikinstrument)
Meke Gör inte
Mel 1 Varelse 2 Djur 3 Fågel

MeLaLikye Bönfall inte
Melüçig Sparv
Men Måttenhet motsvarande tio kg (Luristan)
MenziL Hem, Hus
Meres Hundhalsband
Merreze Risfält
Meşke Vattenskinn
Mew 1 Slå inte 2 Sticks inte
Mexwaz Inte vilja
Mexwer Äter inte
Meyû Kommer
Mêr Man
Mêz 1 Kiss 2 Bord
Mêze mêze Kissnödig
Mi Jag
Mift Gratis
Minakar 1 Den som förbjuder 2 Den som påpekar fel
Minêde Liknar
MirdaLa Dör, Stupar
Mirê (Hen) Dör
Mirê (Hen) Dör
Misewî Moderns pojkvän
Mişt 1 Näve 2 Knytnäve 3 Grupp 4 En del
Miziney bigir 1 Fokusera på 2 Fokusera 3 Jobba med
Mîr Furste
Mîrat Arv
Mîye Fårhona, Tacka
Mîyenê Trötta ut
Muflis Bankrutt, Utfattig

Mûr 1 Myra 2 Lus 3 Sorgesång, Klagosång 4 Bönesten 5 Sigill
Mûrî Myra
Müşim Jag säger

N

NaLet Förbannelse , Fördömelse
Namewq Tid och otid
Naşareza Okunnig, Olärd
Naweyn 1 Mellan 2 Bland 3 Gräns, Skiljelinje
Newker 1 Slav 2 Tjänare
Ney(Nedî) Såg inte
Nezan Okunnig, Fåne
Nêr Hanne
Nicaset 1 Avföring 2 Smuts
Nijî Lins (gröda)
Nirx Pris
Nîyefîsi Blir inte blöt
Nîyekujyêdew 1 Dör inte 2 Släcks inte
Nîyetaşê 1 Rakar inte 2 Hyvlar inte
Nûkase Nyrik
Nû-Pa Barn som nyligen lärt sig gå
Nûrê Tittar
Nûrr (Nûwirr) Förbannelse
Nûrrê 1 Tittar 2 ser på

P

Pa pîya Fotgängare
Pacînge Små hål man gräver i brunnens vägg för att kunna klättra upp och ned

PaL 1 Pressa med axeln, Ta i 2 Sluttning

PaLan Sadel för mula eller åsna

PaLewan 1 Hjälte, Kämpe 2 Stark 3 Från Pehle

Pas 1 Bakom 2 Baksida 3 Hundens skällande

Pasa Återlämna

Paşne Häl

PeL Klippblock

PeLe Höstregn

PeLeng Leopard

Pelet Rep

PeLing Leopard

PêLa Sko

Pen 1 Råd 2 Ordspråk 3 Trick, Fint 4 Opassande beteende 5 Lätt (vikt)

Peringe 1 Övergång 2 Flodövergång bestående av stenar i floden

Pes (Pez) Får (djur)

Pêş 1 Fram 2 Framsida

Pif 1 Blåsa, Kraftig utandning 2 Fis

Pile 1 Grad 2 Trappa 3 Höstregn 4 Våning 5 Kategori, Slag 6 Rörelse

Pirs 1 Sorgvaka 2 Fråga

Pîran 1 Oljelampans glas som innefattar elden 2 Sorgsen 3 Ledsen

Pîrî Ålderdom

PîyaLe Glas

Pîyawetî 1 Ridderlighet 2 Mannamod 3 Hederlighet

PîyeL Bro

PûLadîn Av stål

Pünge 1 Vild mynta 2 Polej mynta

Q

QafiLe Karavan

Qap 1 Ram 2 Behållare

Qatir Mula

Qayimî Hårdhet

QeLa Kråka

QersequL Åsnans spillning

Qert Lån

QewaLe 1 Kontrakt ,Överenskommelse 2 Dokument, Urkund

Qewr Grav

Qewr-ken Dödgrävare

Qeyçî Sax

Qeza Olycka, Kalamitet

Qij Hår (Huvud)

QiLa 1 Fästning, Borg 2 Kråka

QiLaf 1 Skida, Fodral 2 Svärdsskida

QuLing Hacka

Qurb 1 Aktning 2 Respekt 3 Rykte

Qüçne Lägger bakåt

Qülinê Gal

Qüt Svälja

R

Ras 1 Rak 2 Rätt 3 Höger 4 Plan, Jämn

Raw Jakt

Rehman 1 Gud 2 Förbarmande
Req 1 Hård 2 Torr 3 Genomfrusen
Resin Rep
Retinê Ryter
Rewa Tillåtet
Rewyad(ew) 1 Lägger sig 2 Slutar 3 Avslutas
Rê rê kird 1 Gick sakta 2 Tvekade
Rixi eçê Är rädd
Rîşqenî Till åtlöje
Rîyen Flock av får
Rrimnê 1 Störta 2 Rasera, Rämna
RûLe Kära, Älskade
Rûwa Räv
Rûwî Räv

S

Saçû Rak käpp
Salar 1 Kry 2 Överbefälhavare, Ledare
Saman 1 Välsignelse 2 Ordning
San 1 Sten 2 Kung, Monark 3 Slipsten 4 Plats
SawmaL Hyresvärd, Husets ägare
Saz Flöjt
Sefa Glädje
SeLamet 1 Frisk 2 Hel
Seng u men Förutsättning
Seng u tirazû Våg(Vägning)
Setmenî Hundralapp
Sewr Tålamod

Sey (Seg) Hund
Sêf (Sêw) Äpple
Sênêd (Du) Köper
Sifredirr Otacksam
SipLe Dumbom, Fåne
Siqan Ben, Skelett-del
Siqan azayî Friskhet
Sirr 1 Halkig 2 Mycket kall 3 Hemlighet 4 Ljudlös 5 Smörja 6 Domnad 7 Åsnans skri
Sitr 1 Hemlighet 2 Rykte ,Heder 3 Trolldom
Sûwar Ryttare

Ş

Şa-diz Tjuvarnas kung, Mycket skicklig tjuv
Şardêwa Gömde den
Şelîte Skamlös
Şen 1 Sand 2 Skoj, Spratt
Şerm 1 Skam, Anständighet 2 Skämmas 3 Blyghet 4 Hut 5 Sköte, Vagina
Şerr Problem
Şesi xew Yrvaken ,Sömndrucken
ŞewaL 1 Kalsong 2 Byxa
Şewekyan Morgonstund, På morgonen
Şêt Knäpp,Galen
Şêwya 1 Blandades 2 Tumult 3 Då en plan eller arbete går om intet
Şikar 1 Villebråd 2 Jakt
Şiknê 1 Tar sönder 2 Knäcker
Şirr Gammal
Şitir Kamel

Şitirelewan Kamelherde
Şîre u yere Kooperativ
Şîrî Barndom
Sunet Tradition
Şûwanî Arbeta som
fåraherde

T

Taf 1 Hast 2 Brådska
TaLan Plundring
Tancî 1 Jakthund 2 Vinthund
Tane 1 Pupill 2 Klander
,Kritik 3 Fläck
Tarîf 1 Beröm 2 Definition
3 Berätta om
Tasnê Kväver
Tawan 1 Skuld, Beskyllning
2 Fel 3 Böta
Tawisan Sommar
Tema 1 Önskan 2 Girighet
Temakar Girig
Teng 1 Trångomål 2 Trång
, Åtstramande 3 Trångt pass
4 Knyta hård
Tep u tûz Damm
Tewn Vävmaskin
Tewq 1 Krans 2 Järn ring 3
Mittbena
Tewr Yxa
Teyre Tjuv
Têr Mätt
Tike 1 Droppe 2 Grillade
köttbitar
Tilanim (Jag) Mosade,
Klämde, Krossade
Tinaf Rep
Tiway Vill du

Tîke 1 Bit, Del 2 Munsbit
Tîr 1 Pil 2 Skott
Tîşig Yxa
Tîyerîke-şew Mörk natt
Tîyet Stor och slät sten
Tûk 1 Skal 2 Mjäll
TûkiLaş 1 Träflisa 2 Bark
Tûr 1 Fåne, Idiot 2 Osams,
Oenig 3 Nät
Tûrya Blev sur och gick, Blev
osams
Tûway (Hen) Vill
Tûz Damm
Tülekî 1 Åtlöje, Att driva
med någon 2 Kranium 3
Fjantig
Türe Säck
Tütig Valp

U

Usa Mästare

W

Wa Vind
Wade 1 Förbindelse 2 Löfte
We cas Är kvar
Wefir Snö
Wehar Vår
Wene (Weger ne) Annars
Wer kefê 1 Hamnar framför
2 Utvecklas
Wer 1 Framsida 2 Framför
Weren Bagge, Fårhanne
Werr En sorts "kappa" gjord
av samma material som
Gilîm som görs av getull. Den
vävs inte, utan man pressar
ihop den så den formar

matta eller i detta fallet
plagg
Weten 1 Hemland 2 Nation
Weü Brud
Wey 1 Brud 2 Björk
Wiraz Svin
Wirsî Hungrig

X

Xan 1 Khan 2 Furste 3 Storman
Xanim 1 Dam 2 Fru
Xawin-MaL 1 Husägare 2 Hyresvärd
Xaye 1 Testikel 2 Mod
Xergaw 1 Lera 2 Gyttja, Slam
Xerid (du) Köper
Xetne Omskärelse
Xêz Vis
Xişe Prassel
Xîş Familj

XuLekû Aska
Xûwî 1 Godhet 2 Bra
Xwazmenî Frieri
Xweş-ferman 1 Lyhörd 2 Den som lyder minsta vink
Xweş-hisaw Generös
Xwey 1 Äter 2 Hen själv

Y

Yey lawa Plötsligt

Z

Zanû Knä
Zat 1 I åtanke 2 Mod 3 Existens, Vara
Zel Vass (Växt)
Zerr Guld
ZewaL 1 Börda 2 Fiende
ZiLm Orättvisa
Zinê Levande

Källor

- **Ferhengî başûr** , Pûrsman förlag, 2006 av **Ebbas Celîlîan** (عباس جلیلیان)
- **Zerîne u sîmîne 3**, PDF format, ej publicerad, av **Ebbas Celîlîan** (عباس جلیلیان)
- **www.feyli.se**